Widmung

„Carpe diem"
(dt. „Genieße den Tag" oder wörtlich: „Pflücke den Tag") war sein Lebensmotto.

Geboren wurde er in Steinach, der Stadt der LebensART und des Sports im grünen Herzen Deutschlands in Thüringen.
In seinem Geburtsjahr begann mit dem ersten Sputnik-Satelliten das Zeitalter der Raumfahrt. Mit den Römischen Verträgen wurden die entscheidenden Grundlagen für die europäische Einigung gelegt.
Sein Ausbildungsweg: Schule, Berufsausbildung mit Abitur, Instandhaltungsmechaniker, Armee, Auslandsstudium Völkerrecht, Diplomat, Kundenberater, Geschäftsstellenleiter, Regionaldirektor, Selbständiger
Als Hobbys nannte er:
• Berlin und sein wunderschönes Umland erkunden, Kultur, insbesondere Malerei und Plastiken genießen, Wellness, Lesen.
• Im Urlaub Bergwandern, am besten in Südtirol
• und mit seinem Hund Pino herumtollen und versuchen, ihn zu erziehen

Die Rede ist von Raimund Rolfs, dem Gründer der Regionalgruppe Berlin des Berufsverbandes Freelancer International e.V.

Er ist am 22.5.2015 verstorben.

Wir widmen ihm dieses Buch.

Impressum

ISBN 978-3-7386-1890-7
© 2015 Dr. Georg Pauthner (Hrsg.), Hans-Joachim Möbes (Hrsg.)
Herstellung und Verlag: BoD – Books on Demand, Norderstedt
Umschlaggestaltung: Theres Weihappel,
      Typoly, Konzeption & Gestaltung
      Inken Greisner & Theres Weishappel GbR
      Grafikdesigner Berlin

Mein Unternehmen …
… mehr als das tägliche Geschäft!

Autoren:
> Andrea Scherding
> Andreas Kaufmann
> Anita Meier
> Dr. Georg Pauthner
> Gerhild R. Pförtsch
> Hans-Joachim Möbes
> Jürgen Schanze
> Klaus G. Kammermeier
> Markus Bodenmüller
> Sabine Weigel
> Thomas Scharfstädt

Herausgeber:
> Dr. Georg Pauthner
> Hans-Joachim Möbes

Vorwort

von Dr. Georg Pauthner

Sie beabsichtigen, ein Unternehmen zu gründen,

oder

Sie sind bereits Unternehmer oder Freelancer und finden sich in einer der folgenden Gruppen wieder:
- Sie sind fachlich sehr gut positioniert und trotzdem haben Sie „gute" Gründe Ihre Unternehmung zu hinterfragen. Und Sie haben viele, viele Fragen wegen fehlender Kunden, sinkender Umsätze oder schrumpfender Gewinnmargen …

   oder

- Es geht Ihrem Unternehmen sehr gut. Aber Sie fühlen, dass es noch sehr viel mehr Chancen gibt, und Sie sehen bei Ihrem Unternehmen ziemliche große Potentiale, um neue Ziele anzuvisieren …

   oder

- Sie stufen die derzeitige Positionierung Ihres Unternehmens gut, sehr gut oder gar ausgezeichnet ein. Aber Sie sehen am Horizont gravierende Veränderungen der Randbedingungen, etwa durch Technologiesprünge, Änderungen der Gesetzeslage oder andere (geo-)politische Einflüsse.

Es gibt also viele gute Gründe, sich durch neue Ideen inspirieren zu lassen!

In unserem Buch haben wir Antworten auf typische Fragen zusammengestellt. Wenn Sie unser Buch gelesen haben, dann werden einige (vielleicht sogar viele) Fragen beantwortet sein …
… aber Sie werden noch auf viele weitere wichtige Fragen gestoßen sein!
„Wir", das sind ein Dutzend Praktiker mit zusammen ein paar Hundert Jahren an Berufserfahrung.
Und „Sie"? Wie sprechen wir Sie an? Die deutsche Sprache ist in vielen Fällen „männlich". Wenn wir z.B. von den „Unternehmern" sprechen, sind natürlich auch die Unternehmerinnen angesprochen. Andere machen es ähnlich: Auf der Homepage der Bundeskanzlerin www.bundeskanzlerin.de (!) wird z.B. von den „Bundeskanzlern" seit 1949 gesprochen und Frau Dr. Merkel ist natürlich eingeschlossen …

Wir haben lange über die richtige Gliederung diskutiert.
Sollen wir die Themen „klassisch" gruppieren (Finanzen & Buchhaltung, Management & Controlling, Marketing & Vertrieb, IT & Technik, Personal & Weiterbildung, Recht & Steuern)?
Oder wäre es besser, nach der Standardgliederung eines Businessplans vorzugehen (von der Produkt-Idee bis zur Finanz-Planung)?
Wir haben uns letztlich für eine Reihenfolge entschieden, die wohl für viele Unternehmer als Prioritätsreihenfolge gesehen werden kann:

1. **Unternehmensstrategie**
   (Taktik ohne Strategie ist der Lärm vor der Niederlage)[1]
2. **Wie komme ich an mein Geld**
   (das ist doch wohl das Ziel Ihres Unternehmens ...)
3. **Kunden,**
   denn ohne sie geht gar nix (Kunden-Nutzen, Kommunikation, Netzwerke)
4. **Grundlegende strategische Überlegungen**
   (Make or Buy)
5. **Innovationsmöglichkeiten durch das und im Internet**
   (Social Media und SEO)
6. **Mögliche Reserven beim „unternehmerischen Handwerk"**
   (Personal, Finanzen)
7. **... und Murphy nicht vergessen**
   (Notfallkoffer)

Apropos Reihenfolge: Dieses Buch ist Teil der Buchserie des Verbandes Freelancer International e.V. Es hat bereits drei Vorgänger:
1. Mehr Geschäftserfolg durch Dienstleister[2]
2. Erfolgsfaktor Mensch im Beruf[3]
3. Unternehmenserfolg und Gelassenheit[4]

Mehr Informationen finden Sie im Kapitel über Netzwerke (Seite 63)

---

[1] Die Kunst des Krieges Gebundene Ausgabe – 1. Januar 2008 von Sun Tsu (Autor)
[2] Diethelm Boldt, Petra Kahle (Hrsg.), 2010 abc-Buchverlag Ldt., Tübingen, ISBN 978-3-938453-19-3
[3] Diethelm Boldt (Hrsg.), 2011 Jünger Medien Verlag, ISBN 978-3-7664-9687-4
[4] Diethelm Boldt (Hrsg.), 2013 Jünger Medien + Burckhardthaus-Laetare (Verlag),
   ISBN 978-3-7664-9929-5

Inhalt

1 Was, wie, wer, wann? – Ihre Unternehmensstrategie

von Markus Bodenmüller

Strategische Entscheidungen gehören zu den wichtigsten Aktivitäten von Unternehmerinnen und Unternehmern. Bei kleinen Unternehmen werden diese meist aus dem Bauch heraus gefällt. Große Unternehmen haben eine eigene Abteilung dafür.

Canvas, auf Deutsch Leinwand, bietet sich als einfaches, leicht verständliches und vor allem umsetzbares Modell an, um strategische Überlegungen systematisch durchzuführen.

Mit Hilfe des Modells werden alle wichtigen Fragen wie
• die Wertschöpfung bzw. das Angebot
• die Infrastruktur
• die Kundenseite
• und die Finanzen des Unternehmens
erhoben, analysiert, zusammenfasst und visualisiert. Das Geschäftsmodell in all seinen Facetten wird sichtbar – wie ein Bild auf einer weißen Leinwand.

Als Unternehmensberater arbeitet Markus Bodenmüller seit Jahren erfolgreich mit dem Canvas-Modell.

Alles Wichtige in einem Bild: Geht das?

Ein ganzer Businessplan auf einer Seite? Geht nicht.
Es geht doch. Alexander Osterwalder hat das Businessmodell Canvas entwickelt. Er ist freier Autor, Berater des Topmanagements und hat einen speziellen Fokus auf die Entwicklung von Geschäftsmodellen.[5] Er entwickelt sie unter Mitwirkung einer ganzen Internet Community[6] immer weiter.

---

[5] Vgl. auch businessmodelalchemist.com; „Businessmodell Generation", Campus Verlag Frankfurt/New York, 2010 Alexander Osterwalder und Yves Pigneur
[6] Vgl. auch www.businessmodelgeneration.com

Canvas ist das englische Wort für Leinwand. Damit wird von Beginn an das Ziel von des Businessmodells Canvas ausgedrückt: Visualisierung eines Geschäftsmodells auf einer Leinwand, um möglichst einfach das Modell auch konzeptionell erfassen zu können.

Das Businessmodell Canvas gliedert sich in neun Bereiche Jeder Bereich ist von den anderen Bereichen abhängig. Auf der linken Seite der Leinwand sind die drei Bereiche dargestellt, die für den Input stehen, Schlüsselpartner, Schlüsselaktivitäten und Schlüsselressourcen. Zentral in der Mitte wird der Nutzen beschrieben, den das Unternehmen erbringt. Rechts wird die Kundenseite beschrieben mit Kundenkanälen und -beziehungen sowie den zentralen Kundensegmenten. Abgerundet wird das Modell noch durch die Kosten- und Ertragsstruktur.

Ich habe in meiner langen Erfahrung als Gründungsberater viele, umfangreiche und weniger umfangreiche Businesspläne studiert. Ein gutes Geschäftskonzept erkenne ich inzwischen nach wenigen Sätzen. Daher weiß ich auch, dass man jedes Geschäftsmodell auf wesentliche Kernelemente vereinfachen und das Konzept auf eine „Leinwand" bringen kann.

Aus der Geschäftsidee entsteht der Businessplan, das Geschäftskonzept. Das Canvas-Modell ist ein Werkzeug, das wir dafür benutzen können. Genauso kann man Canvas auch verwenden, um ein bestehendes Geschäftsmodell zu überprüfen und neue Ansätze zu kreieren.

Wie gehen Sie bei der Canvas Modellierung vor?

Gleich von Beginn an ein guter Rat: Nehmen Sie sich Zeit und bestimmen Sie einen Prozesssteuerer als Dialogpartner, denn die Canvas-Modellierung ist keine Einbahnstraße. Die Entwicklung eines Businessplans als Canvas ist eine iterative Gedankenschleife. Gute Prozesssteuerer helfen Ihnen, Ihre Gedanken zu entknoten, präzise Formulierungen zu entwickeln und Widersprüche aufzudecken.

Die Canvas-Modellierung erfolgt in mehreren Teilschritten. Das Besondere dabei: Mit jedem Schritt durchdenken Sie das Modell neu. Sie gehen zurück zu den Anfängen oder zu einem anderen Punkt in Ihrem Modell. Dann stellen Sie die Beziehungen unter dem neu-en Aspekt in einen anderen Kontext. Dadurch werden alle Aspekte des Geschäftsmodells bedacht und fließen in die Entwicklung eines schlüssigen Konzepts ein.

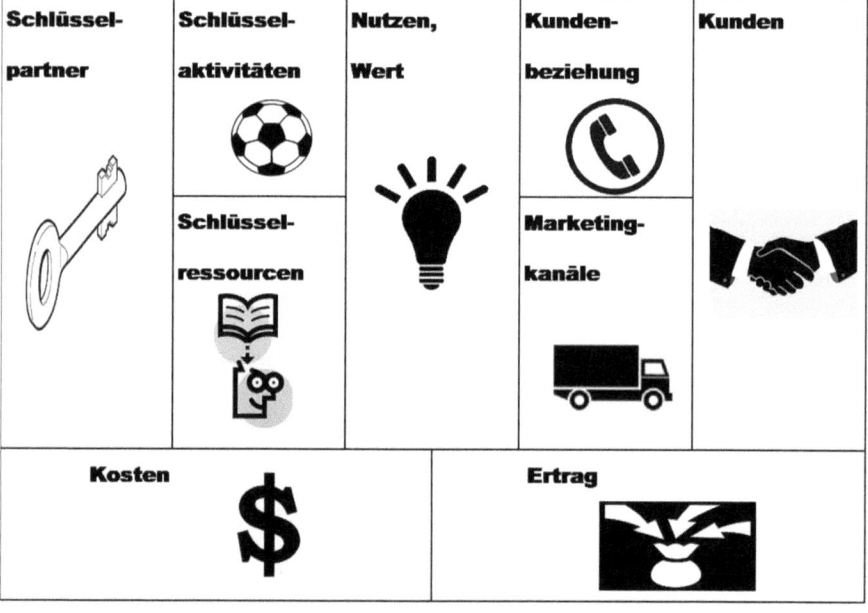

Abbildung 1 Business Modell Canvas[7]

Am Ende des Planungsprozesses befindet sich alles auf der Leinwand. Das Geschäftskonzept wird grundsätzlich in folgenden Schritten erstellt:
• Sie analysieren die Ausgangslage.
• Sie beschreiben auf Post-its die wesentlichen Komponenten.
• Sie ordnen die Post-its den einzelnen Bestandteilen von Canvas zu.
• Sie clustern, Sie sortieren und Sie verdichten.

Am Beginn des Konzepts steht das Brainstorming. Sämtliche Gedanken, die mit Ihrem Geschäftsmodell zu tun haben, notieren Sie auf jeweils einem Stück Papier. Alle Papiere heften Sie an die Wand. Was sehen Sie jetzt? Viel Papier, viele Punkte, die anscheinend nichts miteinander zu tun haben, alles wild durcheinander.

---

[7] Osterwalder/Pigneur: „Business Modell Generation" 2011 Campus Verlag

Im nächsten Schritt sichten Sie die einzelnen Zettel und ordnen so Ihre Gedanken. Zu jedem Stichwort hinterfragen Sie die Hintergründe. Was führte Sie zu diesem Stichwort, was wollen Sie damit aussagen und wie hängt dieser Gedanke mit den anderen Gedanken zusammen?

Im nächsten Schritt werden die Stichworte sortiert und sogenannte Cluster (Haufen) gebildet. Sie fassen Ihre Gedanken zusammen, die Sie auf Papier und an die Wand gebracht haben. Dafür benutzen Sie die vier Kernfragen des Canvas-Modells:

- Wie (stellen Sie Ihre Dienstleistungen/ Produkte zur Verfügung)?
- Was (bieten Sie an)?
- Wer (sind Ihre Kunden)?
- Wie viel (kostet das Ganze oder wie viel kommt herein)?

Wenn Sie die Stichworte entsprechend sortiert haben, ist der erste Teil der Canvas-Modellierung fertig gestellt.

Wie	Was	Wer
stellen Sie Ihr Angebot zur Verfügung?	bieten Sie an?	sind Ihre Kunden und wie kommunizieren Sie mit Ihnen
Wie viel kostet Ihr Geschäftsmodell?		Wie viel können Sie einnehmen?

Abbildung 2 Grundkonzept Business Modell Canvas

Wo beginnen Sie mit Ihrer Planung?

Ich habe Ihnen jetzt die Grundzüge des Canvas-Modells vorgestellt. Wenn Sie Ihren eigenen Canvas Plan machen, müssen Sie zunächst entscheiden, in welchem Bereich Sie beginnen wollen.

Die meisten Gründer beginnen mit der Frage „Was bieten wir an?". Das Produkt oder die Dienstleistung steht hier im Fokus des Interesses. Beschreiben Sie in diesem Fall Ihre Dienstleistung oder Ihr Produkt möglichst genau.

Formulieren Sie zusätzlich den Wert Ihres Angebotes. Was glauben Sie, wie viel sind andere Menschen bzw. Ihre Kunden bereit dafür zu bezahlen oder allgemeiner gesagt, welche Gegenleistung können Sie erhalten? Wenn eine kostenlose Dienstleistung im Zentrum Ihres Angebotes steht, dann fragen Sie nach dem damit einhergehenden Mehrwert.

Alternativ können Sie auch mit den Ressourcen oder mit der Infrastruktur, die Ihnen zur Verfügung stehen, beginnen.

Ein Beispiel:
Sie haben in Ihrem Unternehmen noch verschiedene Räume frei. Was wollen Sie mit diesen machen? Auch hier können Sie über Canvas Beziehungen herstellen, bis hin zu dem Produkt oder der Dienstleistung, die dann wertschöpfend für Sie sein werden. Die Räume sind die Infrastruktur für Ihre Geschäftsidee.

Sie können diese Räume Ihren Kunden gegen Entgelt oder kostenfrei, kurz- oder langfristig, befristet oder unbefristet zur Verfügung stellen.

Wie Sie an Ihre (zukünftigen) Kunden herantreten, werden Sie erkennen, wann der Bereich Marketingkanal auszufüllen ist. Dies kann von folgenden Faktoren abhängen: der Konkurrenzsituation, Ihrem Produkt, Ihren Kunden, oder Ihren Ressourcen.

Das ist ein einfaches Beispiel, aber es ist daran sehr gut zu erkennen, wie Canvas funktioniert.

Ich habe viele Gründerinnen und Gründer betreut, die auf der Suche nach einer Idee waren. Sie kamen mit der Frage: „… ich will nicht mehr so weitermachen, was kann ich machen?". „Was können Sie besonders gut? Wo sind Ihre Stärken? Was haben Sie früher besonders gut gemacht?", lauten dann in der Regel meine Gegenfragen. Die Fragen zielen in die Bereiche Stärken und Ressourcen. Aus dieser Position entwickeln Sie Ihr Canvas-Modell.

Versuchen Sie es einmal! Je nach Modell, je nach Grundlage und Ausrichtung ergeben sich andere notwendige Schritte und Querbeziehungen.

Für Ihr eigenes Geschäftsmodell beginnen Sie am besten in dem Bereich mit Ihren Überlegungen, in dem Ihre Gedanken bereits am weitesten fortgeschritten sind. In den folgenden Kapiteln sind Leitfragen zu den einzelnen Segmenten aufgeführt. Halten Sie sich im Brainstorming an die Leitfragen.

Denken Sie daran, Sie können auch jederzeit wieder neu oder anders beginnen. Sie werden bei jeder Gedankenschleife feststellen, dass die Beziehungen jeweils anders sind. Sie benötigen zum Beispiel für unterschiedliche Kundensegmente eine jeweils andere Infrastruktur.

Sie sind erst dann am vorläufigen Ende, wenn Sie das Gefühl haben, alle Aspekte durchdacht zu haben. Dann fühlt sich das von Ihnen erarbeitete Modell gut an – Ihr Bauchgefühl stimmt!

Was biete ich an – der Wert Ihres Angebots für den Kunden!

Was ist Ihr Angebot und welcher Wert steckt dahinter?

Diese Frage steht im Zentrum eines jeden Geschäftsmodells und damit natürlich auch bei Canvas. Sie können Ihre Dienstleistung oder Ihr Produkt kostenlos anbieten, kostenpflichtig oder gegen Leistung. Aber achten Sie immer darauf, welchen Gegenwert Sie von Ihren Kunden erhalten. Grundsätzlich sollten Sie Ihre Produkte oder Ihre Dienstleistungen möglichst einfach beschreiben.

Zum Wert Ihrer Dienstleistung gehört auch das Thema Kundennutzen und das Wertangebot. Was haben Ihre Kunden davon, wenn sie die beschriebene Leistung in Anspruch nehmen? Welchen Preis sind Ihre Kunden bereit, für Ihre Dienstleistung zu bezahlen?

Formulieren Sie diesen Bereich treffend, plausibel und in sich abgeschlossen.

Beispiel: *Im Zentrum der Dienstleistung von Google steht die kostenlose Suchmaschine. Über diese Suchmaschine werden die Kunden akquiriert. Die Kunden geben ihre Daten preis. Das ist die Leistung, die die Kunden bereit sind zu geben.*

Die Suchmaschine muss auf der anderen Seite auch mit Daten gefüttert werden. Hier steht die technische Infrastruktur im Vordergrund. Diese Leistung wird von den Nutzern mit Daten und Fakten über ihr Nutzerverhalten erbracht. Aus diesen Daten akquiriert Google bezahlte Werbung und bezahlte Klicks.

Damit hat Google einen kostenlosen Bereich, den alle Menschen nutzen können. Die Nutzer bezahlen allerdings mit Daten, Fakten und geben Google Wissen über ihre Gewohnheiten. Ein Schelm, wer Böses dabei denkt.

Das ist ein Beispiel, wie das Geschäftsmodell eines großen Konzerns auf einer Leinwand geplant werden kann. In den weiteren Kapiteln kommen wir immer mal wieder auf das Beispiel Google zurück.

Am sinnvollsten ist es, durch die Canvas-Modellierung mit Hilfe von Leitfragen zu gehen. Von daher liste ich Ihnen mögliche Leitfragen auf, die Sie durch das Modell führen.

- Was bieten Sie an?
- Wie unterscheidet sich Ihr Angebot vom Wettbewerb?
- Welche Kundenbedürfnisse erfüllen Sie?
- Wo sehen Sie den Kundennutzen?
- Welchen Gegenwert erhalten Sie für Ihre Leistung?[8]

Sie werden es bereits erkennen: Manche Fragen überschneiden sich mit anderen Kapiteln. Sie müssen sich entscheiden, in welchen Bereich Ihre Themen gehören.

Wer sind denn Ihre Kunden?

In diesem Segment beschreiben Sie Ihre Kunden: Wer sind Ihre Kunden? Was kaufen Ihre Kunden? Wie kommen Ihre Kunden zu Ihnen und umgekehrt?

Nehmen Sie Abschied von Allgemeinplätzen. Die Lieblingsantwort meiner Klienten ist bei der Frage „Wer sind Ihre Kunden?" lautet: „alle (die Geld haben)". Das ist undifferenziert, nicht aussagefähig und führt mit großer Wahrscheinlichkeit zu hohen Verlusten, wenn nicht in die Pleite.

Versuchen Sie Ihren Kunden so präzise wie möglich zu beschreiben. Ein Ansatz ist dabei, dass Sie von Ihren geschaffenen Werten ausgehen. Sie kennen Ihr Angebot, wie muss der dazu passende Kunde aussehen? Oder gibt es vielleicht mehrere Kundensegmente?

Der Kunde steht im Zentrum jeder Geschäftsidee. Zurück noch einmal zu Google: Die Suchmaschine ist nur deshalb kostenfrei (das bedeutet, wir bezahlen kein Geld), weil Google ansonsten nicht die sehr große Reichweite und die große Masse

---

[8] Analog Handbuch Businessplanwettbewerb Berlin Brandenburg 2015: Im Handbuch zur Canvas Modellierung werden ähnlich lautende Leitfragen benutzt.

an Daten erhalten würde, die Google benötigt. Nur mit dieser großen Zahl von Daten, die Sie als Nutzer liefern, kann Google mit seinen Mehrwertdiensten (Werbung, Adwords, etc.) Geld verdienen.

Leitfragen für den Bereich „Kunde":
• Wie sieht mein „idealer" Kunde aus? Beschreiben Sie Ihren Kunden.
• Wer sind bisher meine wichtigsten Kunden, bzw. wer könnten meine wichtigsten Kunden werden?
• Wie ist der Markt strukturiert (Kunden, Mitbewerber, Trends, Wachstum etc.)?
• Wer sind die wichtigsten Mitbewerber?

Leitfragen für den Bereich „Kundenbeziehungen":
• Wie sieht meine Beziehung zu meinen Kunden, meinem Angebot und meinen Ressourcen aus?
• Wie kann ich meine Kundenbeziehung verfestigen?
• Wie wird aus einem Neukunden ein Bestandskunde?[9]

Leitfragen zu dem Bereich „Marketingkanäle":
• Wie kommuniziere ich mit meinen Kunden oder wie sprechen mich meine Kunden an?
• Wie spreche ich meine Kunden an?
• Passen meine Kanäle zu mir, meinen Produkten und meiner Geschäftsidee?

Wie sehen Ihre Aktivitäten aus, wie generieren Sie Ihre Umsätze?

Wir gehen jetzt zur linken Seite des Canvas-Modells.
Wie und mit wem stellen Sie Ihr Produkt, Ihre Dienstleistungen zur Verfügung? In diesem Segment beschreiben Sie Ihre gesamte Infrastruktur. Sie benennen Ihre Stärken, die Chancen Ihres Unternehmens, die bestehenden und die zukünftigen Strukturen Ihres Unternehmens und Ihre Schlüsselpartner.

In dem Bereich Schlüsselressourcen listen Sie Ihre wesentlichen Stärken auf. Welche Eigenschaften haben Sie, auf welche Ressourcen können Sie bei der Umsetzung Ihres Geschäftsmodells am ehesten bauen?

---

[9]Analog Handbuch Businessplanwettbewerb Berlin Brandenburg 2015, Businessplanwettbewerb Berlin-Brandenburg

Diese Schlüsselressourcen können aus den verschiedensten Bereichen Ihres Lebens und Umfeldes stammen. Die wesentliche Eigenschaft ist, dass sie entscheidend für Ihr Geschäftsmodell sind und dass sie von Ihnen genutzt werden können.

Beispiel Google: Was sind die Schlüsselressourcen von Google? Ist es der Algorithmus, sind es die Mitarbeiter oder ist es die technische Infrastruktur? Diese Elemente können zu den Schlüsselressourcen gehören, sie können aber auch mit guten Gründen anderen Bereichen zugeordnet werden.

Bei der Canvas Modellierung benennen Sie die wesentlichen Schlüsselressourcen und finden Gründe, warum genau diese Ressource eine Schlüsselressource für Ihr Geschäftsmodell ist.
Beachten Sie ebenfalls die Unterscheidung von Ressourcen und Aktivitäten. Die Schlüssel-aktivitäten sind die Aktivitäten, die Sie ausführen müssen, um Ihr Unternehmen zu starten bzw. aufrechtzuerhalten. Die Ressourcen sind die Grundlagen Ihres Produktes oder Ihrer Dienstleistung.

Beispiel Google: Der Such-Algorithmus kann als Schlüsselressource bezeichnet werden. Allerdings ist dieser aller Voraussicht nach schnell veraltet. Die Weiterentwicklung des Algorithmus ist allerdings wiederum eine Aktivität. Welche Zuordnung erscheint Ihnen wichtiger? Diese Frage müssen Sie immer wieder beantworten.

Und natürlich stehen auch in diesem Segment die Menschen an prominenter Stelle. Die Schlüsselpartner sind diejenigen Menschen oder Menschengruppen, die wesentlich zum Gelingen Ihres Geschäftsmodells beitragen. Sie können und sollten nicht alles alleine machen. Wer sind Ihre wichtigsten Partner, wer sind Ihre Schlüsselpartner?

Beispiel Google: Bei Google könnten beispielsweise wichtige Mitarbeiter bereits den Status eines Schlüsselpartners erlangen oder es können alle Mitarbeiter Schlüsselpartner sein.

Betrachten Sie die von Ihnen gewählten Schlüsselpartner? In welcher Beziehung stehen diese Schlüsselpartner zu den anderen Bereichen des Geschäftsmodells? Unter diesen Wechselbeziehungen können Sie noch einmal definieren: Wer sind meine Kunden, wer sind meine Multiplikatoren und wer sind meine Schlüsselpartner?

Der Steuerberater zum Beispiel ist nicht unbedingt Ihr Schlüsselpartner, dafür ist das Wissen zu austauschbar. Ggf. wird der Steuerberater Ihr Schlüsselpartner, wenn Sie sich für ein nicht ganz legales Steuersparmodell entscheiden. In diesem Augenblick ist der Steuerberater nicht mehr austauschbar.

Diese einzelnen Segmente beschreiben wir ebenfalls am besten anhand von Leitfragen.

Leitfragen für den Bereich "Schlüsselaktivitäten":
• Was sind Ihre wichtigsten Aktivitäten, die zum Vertrieb Ihrer Produkte und zur Aufrechterhaltung Ihrer Organisation beitragen?
• Welche weiteren Aktivitäten können Sie sich noch als sinnvoll und als wesentlich vorstellen?
• Welche Alternativen gibt es zu Ihren derzeitigen Aktivitäten?

Leitfragen zu dem Bereich "Schlüsselressourcen":
• Wo liegen Ihre Stärken bzw. die Ihres Unternehmens, Produktes, Ihrer Dienstleistungen?
• Was können Sie besonders gut? Welche Leistungen kann Ihr Unternehmen besonders gut ausführen?
• Welche Schlüsselressourcen benötigen Sie noch?
• Wie sind die Kompetenzen und Organisationen in Ihrem Unternehmen und Ihrem Team verteilt?

Leitfragen zu dem Bereich "Schlüsselpartner":
• Wer verfügt über die Aktivitäten, die für Ihre Produkte bzw. Dienstleistungen oder für Ihre Marketingkanäle oder Infrastruktur am wichtigsten sind?
• Wer sind Ihre Schlüsselpartner und wie beschreiben Sie diese am besten?
• Welche Schlüsselpartner benötigen Sie noch zur Durchführung Ihres Unternehmens?

Die Welt der Zahlen

In den bisherigen Abschnitten sind wir auf die quantitativen Faktoren eingegangen. Sie wollten wissen: was Ihnen zur Verfügung steht, was Sie erwirtschaften, an wen Sie Ihre Produkte oder Dienstleistungen verkaufen.

Wir gehen jetzt zum monetären Teil des Geschäftsmodelles über. Diese Aspekte sollen auf einer viertel Seite der Leinwand abgebildet werden. Geht das? Natürlich, es kommt aber immer auf das Ziel und die Detaillierung an. Im Canvas-Modell entwickeln Sie die Struktur für Einnahmen und Ausgaben.
Ihr Ziel bei der Canvas-Modellierung ist es, dass Sie sich den Überblick über die Kosten und Erträge verschaffen.

Im Ergebnis beschreiben Sie hier die potentiellen wesentlichen Einnahmen und die zukünftigen wesentlichen Ausgaben. In der Kürze liegt die Würze, das gilt hier besonders. Was kosten Ihre Aktivitäten, Ihre Ressourcen, Ihre Marketingkanäle? Wie sieht Ihre Kostenstruktur aus?

Beispiel:
Einer meiner Kunden hat ein Label für T-Shirts gegründet. Die T-Shirts konnten online bestellt und versandt werden. Die Kosten wurden beinahe vollständig aufgeschlüsselt, leider hatte er bei seinen Kostenplanungen den Bereich Versand vergessen. Das Porto für die Post war mit 50% Anteil an den gesamten Kosten eine höhere Kostenposition als die Herstellung der zu versendenden T-Shirts. Wäre mein Kunde systematisch durch die Canvas-Modellierung gegangen, hätte er diese Kostenposition ganz sicher nicht vergessen.

Aus meiner Erfahrung ersetzt die Canvas-Modellierung nicht eine konkrete Rentabilitätsplanung. In Canvas beschreiben Sie die Kostenstruktur und die wesentlichen Positionen. In der Planungsrechnung setzen Sie konkrete Zahlen für den Umsatz und die Kosten ein. Im Ergebnis ergibt sich ein Plangewinn oder -verlust.

Leitfragen zu dem Bereich „Kosten":
• Betrachten Sie alle anderen acht Segmente! Welche wesentlichen Kosten entstehen aus Ihrem Geschäftsmodell?
• Welche Alternativen gibt es?
• Welches sind Ihre wichtigsten Kostenquellen (Infrastruktur, Schlüsselpartner, Vertrieb etc.), wie hoch sind diese Kosten?

Leitfragen zu dem Bereich „Einnahmen":
- Was bringen Ihre Aktivitäten?
- Welche Einnahmen können Sie aus dem Verkauf Ihrer Werte erzielen?
- Welche weiteren Einnahmen stehen Ihnen zur Verfügung?
- Wie können Sie Ihre Ressourcen ggf. anders einsetzen, so dass Sie höhere Einnahmen erzielen?
- Wie nachhaltig sind Ihre Einnahmen (saisonal, trendabhängig, "first mover", etc.)?

Grundregeln

Sie haben jetzt alle neun Segmente des Canvas-Modells durchgearbeitet. Sie haben die Leitfragen formuliert. Sie können jetzt an die Erarbeitung Ihres eigenen Canvas-Modelles gehen.

Es ist einfach, starten Sie aus dem Segment, in dem Ihre Stärken liegen! Von diesem Segment aus, gehen Sie in die nächsten Runden.

Wenn Sie dann noch die folgenden Grundregeln beachten, können Sie eine gute Canvas-Modellierung erstellen und damit eine sehr gute Strategie entwickeln:

No go bei Canvas!
Füllen Sie den Canvas niemals mit Stiften aus. Wer schreibt, der bleibt, heißt es. Für Canvas gilt, Flexibilität ist alles. Arbeiten Sie mit Post-its oder mit Karten, auf jeden Fall mit flexiblen Materialien.

Wiederholungen gibt es nicht!
Jeder Aspekt, jedes Thema wird nur einmal auf der Leinwand erwähnt. Sie müssen sich entscheiden. Ist Ihr Personal Ressource, Marketingkanal oder Schlüsselpartner?

Mut zur Lücke!
Nur die wesentlichen Aspekte tauchen in der Leinwand auf. Alles andere wird nicht von Ihnen erwähnt.

Nehmen Sie Abschied von Allgemeinplätzen, bleiben Sie authentisch!
Sie müssen bei der Canvas-Modellierung nicht die Welt erklären. Bleiben Sie einfach bei Ihrem Modell und Ihrer Strategie.

Achten Sie auf Plausibilität!
Sie dürfen sich in der Modellierung nicht widersprechen. Die Annahmen müssen in sich schlüssig sein und mit den anderen Punkten korrespondieren.
Seien Sie offen für Anregungen!
Sprechen Sie über Ihre Strategie mit anderen. Formulieren Sie Ihre Ideen vor anderen Menschen. Auch wenn diese nicht mit Ihren Ideen einverstanden sind, Sie werden neue Aspekte erfahren, die Sie einbringen können.
Allerdings sei auch hier gesagt:
Verzetteln Sie sich nicht – entscheiden Sie sich zeitnah für einen Aspekt.

Nicht jeder gute Businessplan führt automatisch zu einem erfolgreichen Geschäftsmodell. Aber es kommt sehr selten vor, dass jemand mit einem schlecht ausgearbeiteten Businessplan ein erfolgreiches Unternehmen gründet.

Das Canvas-Modell, davon bin ich überzeugt, wird Ihnen helfen, die richtigen Schritte zu tun.

Über den Autor Markus Bodenmüller

Seit 2003 ist Markus Bodenmüller selbstständiger Unternehmensberater. Er unterstützt und berät vor allem Existenzgründer und kleine und mittlere Unternehmen.

Nach dem Studium des Wirtschaftsingenieurwesens hat Markus Bodenmüller über 15 Jahre bei verschiedenen Investitions- und Förderbanken gearbeitet.

Kontakt
Markus Bodenmüller
kom pass gründungsberatung
post@kompass-berlin.com
www.kompass-berlin.com

In den letzten Jahren hat er sich unter anderem zum systemischen Businesscoach an der FU Berlin weitergebildet.

Markus Bodenmüller lebt und arbeitet in Berlin. Er ist glücklich verheiratet und Vater von zwei inzwischen fast erwachsenen Söhnen.

2 Warum zahlen Kunden nicht? Wie vermeide ich zukünftige Zahlungsausfälle?

Von Gerhild R. Pförtsch

Sie schützen sich vor Forderungsausfällen:
- durch die Auswahl von solventen Auftraggebern
- durch Klärung und Festschreibung der gegenseitigen Leistungspflichten
- durch eine zeitnahe Rechnungsstellung
- durch ein professionelles Mahnwesen

Auftrags- bzw. Forderungsmanagement

hat das Ziel: Ausfälle von Zahlungen durch aktives Tun zu vermeiden.
Das heißt im Klartext:
1. Schon ungewisse Forderungen vermeiden, also unsichere Auftraggeber auszusortieren,
2. Forderungen rechtssicher begründen und
3. Forderungen erfolgreich durchsetzen.

Fallbeispiel:
Eine Person kommt freudestrahlend auf Sie zu und erzählt, sie habe über einen gemeinsamen Bekannten von Ihrer tollen Arbeit gehört, kenne die Branche gut, wisse Bescheid und wünscht sich nun von Ihnen möglichst schnell eine Dienstleistung, ein Werkstück oder einen Kaufgegenstand.
Es sei ja alles klar, die Vereinbarung stehe also, man könne ihm vertrauen. Das könne man den Bekannten fragen.

Sie erledigen Ihre Arbeit möglichst schnell, vielleicht sogar unter Hintanstellung anderer Aufträge und schicken Ihre Rechnung gleich mit.

Diese ist nach vier Wochen, der doppelten Zeit der Erledigung des Auftrags noch nicht bezahlt! Jetzt kommt die Reaktion: Dieser hohe Preis sei damals nicht vereinbart gewesen und nicht er persönlich, sondern die xxx-GmbH sei doch der Auftraggeber.

Ausflug: Juristisches Basiswissen
Forderung ist der Anspruch auf Zahlung von Geld.
Das Recht, von einem anderen ein Tun oder Unterlassen zu verlangen, nennt man Anspruch, § 194 Abs. 1 BGB. Besteht das Verlangen in einer Geldzahlung, spricht man von einer Forderung.

Die Anspruchsgrundlage für eine Forderung kann sein:
* Ein Vertrag, das freiwillige Handeln von mindestens zwei Personen durch übereinstimmende Willenserklärung (zum Beispiel Kaufvertrag § 433 Abs. 2 BGB, Dienstvertrag § 611 BGB, Mietvertrag, Darlehen, Werkvertrag §§ 631 ff BGB)
* Ein Gesetz, das zusagt, dass ein tatsächliches Geschehnis, insbesondere in den Rechtsgebieten des Deliktsrechts (Verkehrsunfall, strafrechtliche Delikte) oder aus ungerechtfertigter Bereicherung, z. B. im Rahmen von Urheberrechtsverletzungen einen Anspruch begründet.

Ungewisse Forderungen vermeiden

Versuchen Sie möglichst viel über Ihre zukünftigen Auftraggeber zu erfahren:

a) **Mit wem haben Sie es zu tun?**
Dokumentieren Sie, wer, wann für wen angerufen hat.
Mit wem haben Sie gesprochen, in welcher Funktion?
b) **Erkenntnisse gewinnen:**
Reden Sie mit dem gemeinsamen Bekannten, Sie können sich dann gleich für die Empfehlung bedanken.
Schauen Sie auf die Homepage des zukünftigen Kunden! Passt der Auftrag zu seinem Geschäftsfeld?
Prüfen Sie bei juristischen Personen die Ihnen gemachten Angaben mit dem Handelsregistereintrag ab, z.B. unter www.unternehmensregister.de.
Geben Sie bei großen Aufträgen eine Bonitätsprüfung in Auftrag.

Damit haben Sie die rechtssicheren Angaben zum Auftraggeber und kennen dessen Zahlungsfähigkeit.

Forderungen rechtssicher begründen

a) Ist ein Vertrag zustande gekommen und mit welchem Inhalt?
- Wie sieht Ihr Angebot aus?
- Hat Ihr Gegenüber dieses Angebot angenommen?
- Dokumentieren Sie, wer, mit wem, was vereinbart hat. Sichern Sie alle Emails anlässlich der Auftragsverhandlungen.
- Welcher Preis (Stundenlohn, Pauschalpreis) wurde vereinbart?
- Welche Leistung wurde vereinbart?

Wenn kein schriftlicher Vertrag erstellt wurde, lassen Sie sich Ihr schriftliches Angebot -per Fax/Scan- unterschrieben zurücksenden.

Auftragsbestätigung
Ihre Bestellung / Ihr Auftrag vom xx.xx.xxxx

Sehr geehrter Frau / Herr xxxxxx,

herzlichen Dank für Ihren Auftrag vom xx.xx.xxxx. Gemäß unserem Angebot xxx vom xx.xx.xxxx erbringen wir im Einzelnen die folgenden Leistungen zum Gesamtpreis von x.xxx,xx € zzgl./ inkl. gesetzlicher Mehrwertsteuer.

1. Leistungen / Produkte (Einzelpreise + Menge auflisten)
2. Leistungen / Produkte (Einzelpreise + Menge auflisten)
3. Leistungen / Produkte (Einzelpreise + Menge auflisten)
4. Leistungen / Produkte (Einzelpreise + Menge auflisten)

Bei Rückfragen erreichen Sie uns von 09.00 bis 17.00 Uhr telefonisch unter xxxx/xxxxxxxx oder per Email xxx.xxxxxx.com.

Mit freundlichen Grüßen

Abbildung 3 Beispiel für Auftragsbestätigung

b) Erfüllung der eigenen Vorleistungspflichten
Haben Sie Ihre Leistung vertragsgemäß erbracht?

- Bei einem Kaufvertrag: Hat Ihr Kunde die bestellte Ware erhalten? Gibt es dafür einen Nachweis oder einen Lieferschein, am besten mit Empfangsbestätigung?
- Bei einem Werkvertrag: Wurde das Werk übergeben und die Abnahme protokolliert, gibt es sonstige Nachweise?
- Wurde bei einem Beratungs- oder Dienstvertrag die Stundenzahl notiert, wurden die Stundenzettel oder Rapportzettel unterschrieben?

c) **Entspricht die Rechnung den Vereinbarungen und den steuerlichen Vorgaben?**
- Ist die Rechnung an den richtigen Vertragspartner adressiert?
- Enthält die Rechnung alle Angaben, die zum Vorsteuerabzug berechtigen?
- Wurde die Fälligkeit der Rechnung benannt?

Rechnung Nr.: 15RS05239859

Menge Artikel	Beleg Nr.	Einzelpreis Betrag (brutto) (netto)	gesetzl. MwSt.	Betrag inkl. MwSt.
1 XXX XXX XXX	15RE03646749	EUR 29,95 EUR 25,17	19%	EUR 29,95

Rechnungsbetrag inkl. MwSt.   **EUR 29,95**
Diese Rechnung enthält gesetzliche MwSt.   EUR 4,78

Zahlungsbedingung: ohne Abzug sofort

Hinweis für Verbraucher: Bitte beachten Sie, dass gemäß § 286 Abs. 3 BGB auch ohne Mahnung in Verzug geraten, wenn die Zahlung nicht innerhalb von 30 Tagen nach Fälligkeit und Zugang dieser Rechnung erfolgt.

Abbildung 4 Beispiel für eine korrekte und vollständige Rechnung

Details zu Pflichtangaben für Rechnungen finden Sie z.B. auf der IHK-Homepage[10]

d) **Ab wann ist der Auftragnehmer in Verzug?**
Der Auftragnehmer ist in Verzug: 30 Tage nach Fälligkeit und Zugang einer Rechnung oder gleichwertigen Zahlungsaufstellung, § 286 Abs. 3 BGB.

---

[10] www.ihk-berlin.de, Dok-Nr. 14393

Der Verbraucher muss ausdrücklich schriftlich auf den Eintritt des Verzugs hingewiesen werden, z. B. mit folgendem Satz: „Verzug tritt spätestens ein, wenn nicht
innerhalb von 30 Tagen nach Fälligkeit und Zugang dieser Rechnung gezahlt wird."

Ausflug: Juristisches Basiswissen
§13 BGB Verbraucher
Verbraucher ist jede natürliche Person, die ein Rechtsgeschäft zu Zwecken ab-
schließt, die überwiegend weder ihrer gewerblichen noch ihrer selbständigen beruflichen Tätigkeit zugerechnet werden können.

e) Fälligkeit der Forderung
Prinzipiell ist jede Forderung sofort fällig, § 271 BGB.
(Sie zahlen selbstverständlich Ihre Brötchen sofort bei Übergabe über die Ver-
kaufstheke.)

Es können jedoch Fälligkeitsvereinbarungen vertraglich, also zweiseitig geschlossen
werden. Vorsicht: Einseitige Bestimmungen auf der Rechnung sind unwirksam!

Gesetzlich sind folgende Fälligkeitsvereinbarungen festgehalten, die jedoch ver-
handelbar sind:
• Der Mietzins ist im Voraus zu entrichten bis zum 3. Werktag des Monats,
  § 556 b BGB.
• Die Vergütung beim Dienstvertrag ist nach der Leistung der Dienste, ggf. nach
  Teilleistung, zu entrichten, § 614 BGB.
• Die Vergütung beim Werkvertrag ist nach Abnahme des Werkes, bzw. bei Teil-
  abnahme fällig, § 641 BGB.
• Der Kaufpreis ist bereits bei Abschluss des Kaufvertrages fällig, § 433 BGB.

f) Verzug
Es gilt der Grundsatz, dass der Schuldner erst nach Mahnung in Verzug gerät,
§ 286 I 1 BGB.

ABER: Der § 286 Abs. 3 BGB legt eine Besonderheit fest:
Entgeltforderungen kommen ohne Mahnung in Verzug 30 Tage nach Fälligkeit und
Rechnungsstellung.

Der Verbraucher muss ausdrücklich auf diese Ausnahme hingewiesen werden.

Es bedarf auch keiner Mahnung, wenn die Leistung kalendermäßig bestimmt ist, z. B kalendermäßig Abschlagszahlungen vereinbart sind oder Mietzinszahlungen.

Und es bedarf keiner Mahnung, wenn eine Leistung ernsthaft und endgültig verweigert wurde.

g) Verzugsfolgen
Sobald der Schuldner in Verzug ist, hat er die Forderung zu verzinsen, § 288 I BGB.

Der gesetzliche Zinssatz für Verbraucher liegt derzeit 5 % über Basiszinssatz, der für Unternehmer liegt bei 8 % über dem Basiszinssatz. Der Basiszinssatz wird nach § 247 BGB berechnet und kann jeweils aktuell auf der Internetseite der Deutschen Bundesbank abgerufen werden.

Höhere Verzugszinsen können vereinbart werden

Sobald der Schuldner in Verzug ist, hat er die Kosten etwaiger Rechtsverfolgung, also Anwaltskosten oder Inkassokosten zu erstatten, ebenso Kosten für Registerauskünfte oder Mahnkosten.

Vorsicht Verjährung

Die regelmäßige Verjährung dauert drei Jahren, § 195 BGB.
Sie beginnt, § 199 Abs. 1 BGB: Mit dem Schluss des Jahres, in dem
1. der Anspruch entstanden ist,
2. der Gläubiger von den Anspruch begründenden Umständen und der Person des Schuldners Kenntnis erlangt oder ohne grobe Fahrlässigkeit hätte erlangen müssen.

Wenn die Forderung verjährt ist, kann der Schuldner der Geltendmachung berechtigt widersprechen. Ausführliche Informationen finden Sie auf der Homepage der IHK.[11]

---

[11] www.frankfurt-main.ihk.de Suchwort Verjährung

Mediation / Schlichtung

Neben einer gerichtlichen Geltendmachung von Forderungen sollte an eine außergerichtliche Streitbeilegung gedacht werden. Sie gelingt oft schneller und kostengünstiger. Die Parteien sind dabei selbstbestimmt und die Verhandlungen laufen oft beziehungserhaltend.

Gerichtliche Geltendmachung: Klage oder Mahnverfahren

Ob erst ein Mahnverfahren oder gleich ein Klageverfahren bei Gericht eingereicht werden soll, ist abhängig von der zu erwartenden Reaktion des Gegners. Sind Einwendungen zu erwarten, ist das Klageverfahren vorzuziehen, da ansonsten das Gerichtsverfahren noch länger dauert.

Ansonsten kostet das Mahnverfahren ca. ein Sechstel der Gerichtskosten bei Klageerhebung und der Titel, Vollstreckungsbescheid, ist deutlich schneller zu erhalten.

Handlungsempfehlungen

Im Vorfeld und bei Vertragsschluss:
- Bonität des Auftraggebers überprüfen,
- sorgfältige Dokumentation des Vertragsabschlusses und des Inhaltes des Vertrages (wer schreibt, der bleibt),
- die Vertragserfüllung sorgfältig prüfen, die Buchhaltung und das Mahnwesen aktuell halten, also aktiv und zeitnah die Zahlung der Rechnung einfordern, zunächst telefonisch, dann schriftlich in zwei Wochen Abständen.

Bei erkennbarer Zahlungsunfähigkeit sind unverzüglich Entscheidung über weitere Maßnahmen zu treffen.

Über die Autorin Gerhild R. Pförtsch

Gerhild R. Pförtsch, gebürtige Fränkin, hat in Augsburg Jura studiert und ist seit 1986 als selbständige Rechtsanwältin in Berlin tätig. Seit 2001 ist sie Fachanwältin für Arbeitsrecht. Sie berät und vertritt überwiegend kleine und mittelständische Betriebe, selbständig Tätige, Freiberufler, Arbeitnehmer, Arbeitgeber, Mieter und Vermieter.

Kontakt
Gerhild R. Pförtsch
kanzlei@pfoertsch.de
www.kanzlei-pfoertsch.de

Das Studium, die fortlaufenden Fortbildungen und die langjährige Erfahrung in der Vertretung beider Vertragsparteien: Arbeitnehmer – Arbeitgeber, Auftraggeber – Auftragnehmer, Mieter – Vermieter ermöglichen ihr mit den Mandantinnen interessengerechte Lösungen zu erarbeiten.

Nebenbei war und ist die Autorin immer in Vereinen engagiert, in der Mieterinitiative Steglitz, beim Frauennetzwerk Goldrausch, dem Berliner Anwaltsverein, den Deutschen Juristinnen, dem Stadtteilnetzwerk Potsdam-West und den Freelancern International. Die Autorin lebt mit ihrem Partner in Potsdam.

3 Warum sollen die Kunden mein Angebot und mich wählen?

Von Klaus G. Kammermeier

Sie möchten ein neues Produktangebot im Markt positionieren? Sie wollen Ihr Geschäft ausbauen? Ihre Gewinne sinken und Sie müssen gegensteuern? Neue Produkte oder Dienstleistungsangebote Ihrer Wettbewerber und neue Geschäftsmodelle machen Ihnen Ihre Kunden abspenstig? All diesen Fragen ist im Kern die Beziehung zu Ihren Kunden gemeinsam. Und mit Kunden meine ich nicht nur Ihre heutigen, schon bestehenden Kunden, ich meine auch die möglichen Kunden von morgen. Wie genau kennen Sie sie? Ihre heutigen und Ihre zukünftigen? Warum kaufen Kunden bei Ihnen? Warum kaufen Kunden immer wieder bei Ihnen? Und warum kaufen mögliche Kunden bei der Konkurrenz und nicht bei Ihnen?

In diesem Abschnitt stelle ich vor, wie Sie Ihre Kunden ins Zentrum Ihrer Geschäftsstrategie stellen. Ja, ins Zentrum Ihrer Geschäftsstrategie und nicht nur ins Zentrum Ihrer Marketing- oder Vertriebsstrategie. Am Beispiel veranschauliche ich, wie Sie den Nutzen, den Ihre Kunden durch Ihr Angebot erhalten, ermitteln und nachhaltig beeinflussen. Ich schlage Ihnen ein einfaches Rezept vor, Ihre Kunden stets ins Zentrum Ihrer Planung und Umsetzung zu stellen.

Das Produkt ist das Produkt ist das Produkt.
Was biete ich eigentlich an?

Stellen Sie sich vor, Sie leiten die Fa. Deutsche Karton GmbH und produzieren und verkaufen Kartonagen. Stellen Sie sich vor, Sie sind verantwortlich für Marketing und Vertrieb. Wie würden Sie Ihre Kartonagen anbieten?

Neben einem illustrativen Bild, einer textlichen Beschreibung, würden Sie möglicherweise die Kernpunkte wie folgt hervorheben:
• Unsere Kartonagen eignen sich hervorragend für alle Ihre Verpackungsbedürfnisse.
• Die Tragfestigkeit ist abhängig von Konstruktion und Material der Kartonage.
• Wir bieten eine große Auswahl von Standard-Kartonagen für all Ihre Bedürfnisse an.

- Unsere Angebotspalette reicht von der bedruckbaren Produktverpackung bis zum wiederverwendbaren Umzugskarton.
- Wir fertigen auch Kartonagen nach Ihren Wünschen in Größe, Form, Material und Bedruckung.

Oder etwas so?

- Unsere Kartonagen schützen.
- Unser innovatives Design verringert Beschädigungen des Inhalts im Schadenfall.
- Wir helfen Ihnen, die optimale Größe und Stärke auszuwählen, abhängig von Gewicht und Beschaffenheit Ihrer Güter.
- Unsere Kartonagen sind umweltfreundlich.
- Unsere Rohstoffe sind nach höchsten Qualitätskriterien ausgewählt.
- Wir bedrucken nach Ihren Vorgaben.

Oder so?

- Unsere Kartonagen eignen sich bestens für hochwertige Kunsttransporte.
- Unser innovatives Design „ProtectGuard" ist von Versicherungen anerkannt und Sie erhalten Rabatte bei der Versicherungsprämie für Ihre Kunstgegenstände.
- 20 % leichter bei gleicher Stärke, so sparen Sie Versandkosten.
- Unsere patentierte Herstellungsmethode „GreenGuard" ermöglicht einen höheren Anteil von wiederverwendbarem Material – bei gleichen Eigenschaften – und reduziert CO_2-Bedarf und damit die Recyclingkosten Ihrer Kunden.

Ist doch klar, werden Sie sagen: Hier geht es um die Herausstellung des Kundennutzens im Vergleich zu den Produkteigenschaften. Der Nutzen eines Kartons kann vielfältig sein: Er schützt den Inhalt. Ein Aufdruck ermöglicht Anweisungen für Transport und Handling. Der Karton wirbt für den Inhalt. Und Apple macht uns mit jeder neuen Generation von iPhone und iPad vor, dass das Design der Verpackung sogar Teil des Produkts ist.

Lesen Sie dazu Marketingpublikationen und Ihnen begegnen die Worte Kernnutzen, Nebennutzen und Zusatznutzen. Ein einfaches Beispiel: Kernnutzen eines Regenschirms ist es, den Träger trocken zu halten. Der Nebennutzen eines kleinen klappbaren Regenschirms ist es, da klein und leicht, in jede Tasche zu passen und falls eingesteckt, immer verfügbar zu sein um damit dem unerwarteten Regenschauer jederzeit Paroli bieten zu können. Zusatznutzen könnte beispielsweise sein, dass der Träger durch die prestigeträchtige Marke des kleinen, leichten und wohl auch teuren Regenschirms darauf zielt, höheren sozialen Status zu demonstrieren („ich kann mir diese Marke leisten").

Liest man über Kundennutzen in englischsprachigen Publikationen, so wird einem klar, dass dort eine feinere Unterscheidung des Begriffs Kundennutzen gemacht wird. Im Englischen werden unter Kundennutzen sowohl „benefits" als auch „values" verstanden.

• Unter „benefits" versteht man die Beschreibung des vielschichtigen Kundennutzens, wie am obigen Beispiel des Regenschirms dargestellt.

• Unter „values" versteht man die monetäre Konsequenz des Kundennutzes, einschließlich all seiner Varianten, den ich als Nutzwertvorteil bezeichne.

Im Zuge meiner Recherche ist mir aufgefallen, dass im Deutschen der Begriff „Nutzwert" für eine wie auch immer geartete „Quantifizierung der sachlichen und emotionalen Funktionen eines Angebots" benutzt wird, solange diese mit Zahlen, Daten oder Fakten nachprüfbar ist. Wikipedia[12] nennt als Beispiele dann „6 Liter Verbrauch pro 100 km" oder „7,5 % Zinsertrag p.a". Jedoch Vorsicht! Diese schlampigen Definitionen geben nicht wieder, wie Sie den Kundennutzen wirklich erfolgreich darstellen können, da immer relative Bezugsgrößen zur Einordnung nötig sind.

Beim Nutzwertvorteil handelt es sich um eine Quantifizierung des Kundennutzens in Währungseinheiten oder Zeit relativ zu einer individuellen oder persönlichen Bezugsgröße. Es wird mittels konkreter, nachvollziehbarer Kalkulationen der Wert des Produktes oder der Dienstleistung für den Kunden dargestellt. Im weiteren Verlauf stelle ich Ihnen die einzige hilfreiche Definition vor. Denn nur das Verständnis über diese monetäre Konsequenz ermöglicht eine „wert-basierten" Kommunikation und damit Verkaufserfolg. Darüber hinaus schafft dieses tiefe Verständnis auch die Basis für eine „wert-steigernde" Verbesserung und Weiterentwicklung Ihres Produkt- oder Dienstleistungsangebots.

Mit dem Merksatz „Das Produkt ist das Produkt ist das Produkt" verlieren Sie nie die drei elementaren Ebenen Ihres Angebots aus den Augen: Eigenschaften, Kundennutzen und Nutzwertvorteil. Ein tiefes Verständnis dieser Ebenen und ihrer Bedeutung für die Positionierung und die Kommunikation Ihres Angebots an Ihre Kunden wird Ihnen klar aufzeigen, warum Ihre Kunden Ihr Angebot wählen und wie Sie diese Wahl auch zukünftig gewinnen.

---

[12] de.wikipedia.org/wiki/Nutzwert

Wer sind meine Kunden? Und was kaufen sie wirklich?

Wie im ersten Kapitel schon angedeutet, steht der Kunde inzwischen im Zentrum fast jeder guten Geschäftsidee. Und das äußert sich dann meist folgendermaßen: Sie überlegen sich, wer Ihr Angebot braucht oder brauchen könnte, beschreiben diesen Kunden und verallgemeinern diesen zu einem Marktsegment. Unterschiedliche Bedürfnisse von Kunden und die dafür zugeordneten Marktsegmente stellen Sie nebeneinander, summieren diese auf und definieren damit Ihre Zielmärkte. Die typische Vorgehensweise dafür am Beispiel des oben aufgeführten Kartonagenherstellers im Produktsegment Umzugskartonagen wäre:

1. Menschen, die umziehen
2. Menschen, die etwas verpacken und aufbewahren wollen
3. Umzugsfirmen, die Güter im Auftrag Ihrer Kunden einpacken
4. Firmen, die spezielle Transporte durchführen und im Auftrag Ihrer Kunden Transportgüter verpacken
5. ...

Als Untersegmente definieren Sie beispielsweise 1) Familien, die berufsbedingt umziehen oder 2) große Umzugsfirmen die ihre eigenen, mit ihrem Firmenlogo bedruckten Kartonagen mehrmalig nutzen wollen. Diese Untersegmente benutzen Sie um Ihre Positionierung und Kommunikation mit den Kunden zu gestalten. Auf dieser erarbeiteten Marketing- und Vertriebsstrategie basierend, erstellen Sie Marketing- und Informationsmaterial, das auf die jeweilige Zielgruppe abgestimmt ist. Im besten Falle nutzen Sie die Kenntnisse über Ihre Kunden (z.B. deren Kommunikationspräferenz über Soziale Medien) und arbeiten dafür die wichtigsten Produkteigenschaften und den Kundennutzen heraus, natürlich auf das jeweilige Kundensegment abgestimmt. Dafür ist ein tiefes Verständnis der Bedürfnisse der einzelnen Segmente von großer Bedeutung und Ihnen wird zunehmend klar, dass sich diese Bedürfnisse auch gravierend unterscheiden, sogar innerhalb der von Ihnen gewählten Segmente. Auch stellen Sie möglicherweise fest, dass sich gleiche oder ähnliche Bedürfnisse in anderen Segmenten wiederholen, was Sie möglicherweise dazu veranlasst, die ursprünglich gewählten Kundensegmente zu verändern oder neu zu definieren.

Lassen Sie uns kurz am Beispiel die wichtigsten Fragen durchgehen:
Familie:
1. Wer nutzt die Kartons? Familienmitglieder, die Gegenstände einpacken und Familienmitglieder und Helfer, die die Umzugskartons tragen und verstauen.

2. Wer trifft die Kaufentscheidung? Die Familie betreibt Arbeitsteilung und ein Familienmitglied (in unserem Fall der Familienvater) kümmert sich um die Besorgung der Umzugskartons.

3. Woher kommen die Informationen? Eine Internet-Suche führt zu einem lokalen Anbieter von Umzugskartons, dessen Geschäft auf dem Arbeitsweg liegt.

4. Wo wird gekauft? Vom lokalen Anbieter auf dem Weg von der Arbeit nach Hause, Abholung im eigenen PKW.

5. Wann wird gekauft? Einmal, in Vorbereitung des Umzugs ein paar Wochen vor dem aktuellen Umzugstermin.

Umzugsfirma:

1. Wer nutzt die Kartons? Die angestellten „Packer" und „Träger" der Firma.

2. Wer trifft die Kaufentscheidung? Wer hat das Budget? Die Einkaufsabteilung der Umzugsfirma.

3. Woher kommen die Informationen? Ausführliche Internet-Suche führt zu einer Bieterliste. Die vorausgewählten Bieter werden per Email auf der Basis von bestimmten Parametern (Stückzahl, Qualität, Liefertermine etc.) um Angebote angefragt.

4. Wo wird gekauft? Vom Anbieter, der die Auswahlkriterien erfüllt, mit dem niedrigsten Preis, off- oder on-line.

5. Wann wird gekauft? Ein- bis zweimal pro Jahr, jährliche Bieterrunden.

So weit, so gut. Nun zurück zur Kernfrage: Wer sind meine Kunden? Und was kaufen sie wirklich? Oder mit anderen Worten, welche Bedürfnisse befriedigen sie mit dem Kauf?

Der Familienvater kauft „Simplicity" („Habe mit dem Umzug genug am Hals. Am schnellsten finde ich ein passendes Angebot im Internet") und „Sicherheit" („Muss sicherstellen, dass die Kartons zur Verfügung stehen, wenn meine Frau oder ich Zeit zum Packen haben." „Möchte, dass möglichst nichts kaputtgeht, auch wenn mal ein Karton herunterfällt.")

Die Einkaufsabteilung der Umzugsfirma kauft „bester Preis" nach Vorauswahl und Qualifizierung von Anbietern („Muss die geplanten Einsparungen und Kostensenkungen in diesem Jahr umsetzen.")

Die oben gestellten fundamentalen W-Fragen helfen zu verdeutlichen, wer denn eigentlich die Kunden sind (nicht immer ist der Käufer auch der Kunde), warum diese sich für dieses oder jenes Angebot entscheiden und welche Vorteile, Nutzen und Werte dadurch für den Kunden entstehen. Die Antworten zu diesen Fragen ermitteln Sie beispielsweise durch regelmäßige Kundenbefragungen.

Welche Vorteile hat der Kunde durch mein Angebot?

Lassen Sie uns kurz zwei Definitionen von Nutzen und Vorteil ansehen, um die feine Abgrenzung herauszustellen, die die deutsche Sprache ermöglicht.

nutzen (Verb):[13]
1. (meist: nützen) bei etwas von Nutzen sein; für die Erreichung eines Ziels geeignet sein; [jemandem] einen Vorteil, Erfolg, Nutzen bringen, sich zugunsten von jemandem, seinen Unternehmungen o. Ä. auswirken
2. (meist: nutzen)
   i. nutzbringend, zu seinem Nutzen verwerten; aus etwas durch entsprechende Anwendung oder Verwertung Nutzen ziehen
   ii. von einer bestehenden Möglichkeit Gebrauch machen, sie ausnutzen, sich zunutze machen; etwas zu einem bestimmten Zweck benutzen, verwenden

Vorteil:[14]
1. etwas (Umstand, Lage, Eigenschaft o. Ä.), was sich für jemanden gegenüber anderen günstig auswirkt, ihm Nutzen, Gewinn bringt
2. (veraltet) (finanzieller, geschäftlicher) Gewinner

Nutzen ist also etwas, das zur Erreichung eines Zieles beiträgt, ein Vorteil bietet gegenüber anderen. Beide Bedeutungen sind wichtig und ich fasse sie im bereits angesprochenen Begriff Nutzwertvorteil zusammen. Der Wert eines Produktes oder einer Dienstleistung ist also der Nutzen und Vorteil gegenüber etwas anderem, nämlich der besten zur Verfügung stehenden Alternative. Im Englischen als „next best competitive alternative" bezeichnet.

Dabei kann die beste Alternative sowohl ein anders Produkt, eine andere Technologie, eine andere Dienstleistung oder ein vollkommen anderer Prozess sein. Der Nutzen eines Produkts ist aber stets relativ zu dieser anderen Alternative des Kunden. Ich wiederhole: Relativ zur besten Alternative des Kunden zum Zeitpunkt der Kaufentscheidung. Nicht Ihre. Nicht die am Markt verfügbare. Die Alternative aus Sicht des Kunden.

---

[13] www.duden.de/rechtschreibung/nutzen
[14] www.duden.de/rechtschreibung/Vorteil

Der Nutzwertvorteil (als Geldwert ausgedrückt in EUR, oder als Zeitvorteil in Tagen, Stunden, Minuten ausgedrückt), bezeichnet also den kalkulierten Mehrwert gegenüber der dem Kunden zur Verfügung stehenden Alternative. Der Nutzwert besteht aus verschiedenen Komponenten. Diese können positiv sein – wenn einzelne Aspekt meines Produkts „besser" sind als die Alternative. Oder sie können negativ sein, d.h. dass mein Produkt in Einzelaspekten „schlechter" ist als die Alternative. Die Komponenten können leicht quantifizierbar und objektiv nachvollziehbar oder schwer quantifizierbar und subjektiv sein.

Ich möchte aber an dieser Stelle nicht weiter auf die Details und Feinheiten der Nutzwertvorteilsbetrachtung eingehen, sondern herausstellen, dass sich für Sie durch dieses neue Verständnis eine neue Sichtweise eröffnet. Am Beispiel der Deutsche Karton GmbH verschiebt sich die Gewichtung der Darstellung der Produkt- und Angebotseigenschaften hin zum Kundennutzen und schließlich hin zum quantifizierten Nutzwertvorteil.

Um bei dem gewählten Bild zu bleiben, verkaufen Sie also nicht nur die Umzugskartons selbst, sondern auch die Konsequenz der Anwendung oder Verwendung der Kartonagen. Bildlich gesprochen legen Sie den Nutzwertvorteil in den Karton und verkaufen den Karton samt Inhalt.

Was legen Sie hinein, wenn Sie mit unserem Familienvater sprechen? Was legen Sie hinein, wenn Sie mit unserem Einkäufer der Umzugsfirma sprechen?

Abbildung 5 Was würden Sie kaufen?

Sie legen hinein, was der Kunde möchte? Nein. Sie legen hinein, was der Kunde schätzt. Besser noch, Sie legen die Lösung für das Problem des Kunden hinein. Die Lösung, die besser ist als die beste Alternative des Kunden. Bildlich gesprochen ist das für den Familienvater das kleine Büchlein „EASY #Umzug – Einfach Genial" und für den Einkäufer ist es der eingesparte Betrag in Euro und Cents.

Dieses „Hineinlegen" ist oftmals eine Kommunikation, eine Klarstellung, ein Hinweis darauf, was Ihr Produkt, Ihr Service und Ihr Angebot leisten und für den Kunden bewirken.

Warum mein Produkt ein Problem lösen muss?

„Alles recht und gut. Aber es ist doch letztendlich eine Frage des Preises?", werden Sie einwenden. Ja. Mit dem feinen und entscheidenden Unterschied, dass jetzt Ihr Kundengespräch darüber stattfindet, wie viel Geld gespart werden kann, wie viele neue Kunden gewonnen werden können oder wie viel besser sich der Kunde fühlt mit Ihrem Produkt. Und nicht mehr: Sie sind aber x% teurer als Ihre Konkurrenz.

Diese qualitative Verbesserung der Kommunikation mit dem Kunden allein schon verbessert das Verständnis für die Bedürfnisse des Kunden und ermöglicht damit kurzfristig bereits bessere Ergebnisse. Ganz nebenbei erhöhen Sie auch Ihre Preisqualität und damit Profitabilität, denn Sie lernen Rabatte und Sonderkonditionen zielgerichtet einzusetzen. Langfristig bewirken Sie nachhaltige Resultatverbesserungen, wenn es Ihnen gelingt, das Problem Ihres Kunden wirklich zu verstehen. Denn dann werden Sie versuchen eine Lösung anzubieten, die besser ist als die beste Alternative des Kunden. Und Sie werden sich auf die Suche machen, wie Sie dies erreichen. Möglicherweise müssen Sie neben der Art und Weise, wie Sie mit bestimmten Kundengruppen kommunizieren, auch Ihr Produktangebot verändern. Das eine oder andere schon Bekannte hinzufügen, das eine oder andere Neue entwickeln. Damit stellen Sie Ihre Kunden ins Zentrum Ihrer Geschäftsstrategie. Wenn Sie darauf ausgerichtet Entscheidungen treffen, werden Ihre Produkte und Angebote Schritt für Schritt besser, die Probleme Ihrer Kunden zu lösen.

Wie gehen Sie nun konkret vor? Ich zeige Ihnen, wie Sie Ihre Kommunikation mit Kunden verändern, wie Sie durch das Verständnis der Probleme Ihrer Kunden Ihre gesamte Kommunikation sozusagen vom Kopf auf die Beine stellen. Dazu brauchen Sie lediglich folgende drei Elemente:

1. Sie benennen das Problem des Kunden.
2. Sie veranschaulichen, wie Sie dieses Problem lösen.
3. Sie zeigen auf, welche Möglichkeiten dabei entstehen.

Am Beispiel Familienvater:
1. Sie ziehen berufsbedingt um. Sie haben zwei Jobs. Der neue nimmt Sie schon voll ein, der alte ist noch nicht abgeschlossen. Sie möchten sicherstellen, dass Ihr Hab und Gut schadensmindernd verpackt ist.
2. Wir haben unsere Kartonagen für Sie entworfen. Unser innovatives Design "ProtectGuard" ist von Versicherungen anerkannt als der „beste Schutz für Wertvolles und Einzigartiges" auf dem Markt. Holen Sie die Kartonagen einfach bei uns ab oder lassen Sie uns das benötigte Material zu Ihnen bringen. Nicht benötigte Kartons und Verpackungen holen wir kostenlos wieder ab.
3. Konzentrieren Sie sich auf das Wichtige: Ihre neue Arbeitsstelle. Ermöglichen Sie Ihrer Familie einen schadensfreien Umzug...

Am Beispiel Einkauf Umzugsfirma
1. Sie müssen Ihre Kosten reduzieren
2. Wir gewähren Ihnen einen Sonderrabatt von 10%.
3. Wir hoffen, Sie mit diesem Super-Angebot als Kunden gewinnen zu können und möchten Sie dauerhaft von unserem Liefer- und Leistungsangebot überzeugen.

Kommt Ihnen das bekannt vor? Machen Sie das auch? So, oder so ähnlich sieht oft die schnelle und einfache Antwort an Geschäftskunden aus. Von dieser rate ich Ihnen dringend ab. Außer wenn Sie durch Ihre Technologie oder Ihre Größe als Kartonagenproduzent langfristig und auf Dauer die niedrigsten Kosten haben, bereit sind im Zuge der Globalisierung alle Kostenvorteile auszunutzen und andere Marktteilnehmer mittels Preiskampf verdrängen wollen. Sie werden nicht lange Freude haben mit dem auf diese Art gewonnenen Kunden. Und wohl auch nicht mehr mit Ihren anderen Kunden, denn Sie sägen am Ast, auf dem Sie sitzen.

Hier ist ein kleines Beispiel, wie Sie diese Kommunikation besser führen, weil Sie das Problem des Kunden ins Zentrum Ihrer Geschäftsstrategie stellen:
1. Sie reduzieren Kosten, ohne dabei die Qualität der Kartonagen einzubüßen.
2. Sie erhalten die besten Umsatzkartons für mehrmaligen Einsatz. Durch unser patentiertes Faltsystem sind unsere Kartons 30% langlebiger. Bestellen Sie Online im Rahmen unseres Geschäftskundenangebots stets nur die Menge, die Sie gerade wirklich brauchen. Wir liefern innerhalb von 24 Stunden.
3. Über 30% Kosteneinsparung durch geringeren Bedarf und reduzierte Lager- und Handling-Kosten

Seien Sie kreativ und erarbeiten Sie auf der Basis des tiefen Verstehens der Probleme Ihrer Kunden eine neue Angebotsstruktur, entwickeln Sie Ihr Produkt oder

Ihren Service entsprechend weiter und verbessern Sie Ihr Gesamtangebot in einer Art und Weise, damit Sie die Probleme Ihrer Kunden besser lösen als Ihre Wettbewerber oder eine alternative Methode.

Warum mein Produkt Kundenmehrwert schaffen muss

Zugegeben, das gewählte Beispiel im B2C (Business to Consumer) vereinfacht auf die Bedürfnisse „Simplicity" und „Sicherheit". Das Beispiel im B2B (Business to Business) vereinfacht auf „Kosteneinsparung". Das letztere ist sicherlich leichter zu quantifizieren und objektiv nachvollziehbar zu kommunizieren. Ersteres ist „schwammig" und subjektiv und mit Emotionen durchzogen. Und das repräsentiert – stark vereinfacht wohlgemerkt – die Unterschiede in B2C und B2B. Entscheidungen werden im B2B Bereich generell mehr quantifiziert „vom Kopf her" getroffen. Entscheidungen im B2C Bereich wer-den eher „aus dem Bauch heraus" oder spontan getroffen. Das heißt aber nicht, dass es nicht auch anders geht. Als Beispiel möchte ich hier den Kreditvertrag über die Finanzierung des neuen Hauses der umziehenden Familie nennen. Dabei werden die Entscheider sicherlich genau die verschiedenen Kreditangebote vergleichen, dabei Zins und andere Konditionen gegeneinander abwägen, um darauf basierend eine fundierte, quantitative nachvollziehbare Entscheidung zu treffen.

Wie lässt sich nun dieser Kundenmehrwert – oder besser: Kundennutzwertvorteil ermitteln? Mehrwert oder Wertschöpfung entstehen meist durch:
* Niedrigere Kosten
* Höhere Umsätze
* Imagegewinn
* Kostenvermeidung
* Optionen auf zukünftige Ereignisse

Dabei ist wichtig, unter niedrigeren Kosten niedrigere Gesamtkosten zu verstehen. Diese beinhalten die Erstkosten, also diejenigen, die beim Kauf des Produkts bei Ihrem Kunden auftreten und die Life-Cycle-Kosten, die durch den Betrieb oder Einsatz des Produkts entstehen. Auch über mehrere Jahre. Beachten Sie dabei, dass im B2B oftmals diese unterschiedlichen Kosten von verschiedenen Kostenstellen getragen werden. Um für Verbesserung der Gesamtkosten zu argumentieren, müssen Sie also manchmal über mehrere Abteilungen hinweg, möglicherweise mit dem Geschäftsführer kommunizieren, da sich erst dort die Gesamtsicht zeigt.

Höhere Umsätze Ihrer Kunden unterstützen Sie, indem Sie für Ihren Kunden neue Märkte, bessere Preise usw. ermöglichen. An unserem Beispiel wäre das beispielsweise der Einsatz der Kartonagen für Spezialumzüge von Galerien oder der Verkauf von gebrauchten Kartonagen nach x-maliger Nutzung.

Imagegewinn wird geschaffen, wenn Ihre Kunden unterstützt durch Ihr Angebot ihre eigene Marke verbessern, um damit möglichst höhere Preise oder eine bessere Kundenbindung zu erzielen. Das bekannteste Beispiel hierfür ist „Intel Inside".

Unter Kostenvermeidung verstehen wir die Kosten, die evtl. durch die angesprochene beste Alternative auftreten würden, durch Einsatz Ihres Produkts oder Ihres Services aber nicht auftreten, also vermieden werden. Dies beinhaltet Folgekosten, verursacht durch schlechtere Qualität der Alternative ebenso wie Zusatzkosten durch zusätzlich nötiges Material oder zusätzlich nötige Arbeitsschritte. Der beutellose Staubsauger dient hier als illustratives Beispiel.

Optionen auf zukünftige Ereignisse beschreiben z.b. den Zugang zu besonders raren oder nachgefragten Produkten. So vertreibt Apple neue Produkterscheinungen nicht über alle seine Vertriebskanäle gleichmäßig, sondern sehr gezielt. Ein Händler, der die neueste Version des iPhones am Tag des Erscheinens anbieten kann, hat offensichtlich Mehrwert gegenüber seiner Konkurrenz. Diese Optionen können auch der Zugang zu geschützten Technologien oder Produktionskapazitäten sein.

Wichtig ist, die Wertschöpfung ist relativ, denn sie stellt den Kundenmehrwert oder Kundenutzwertvorteil im individuellen Vergleich zur besten Alternative dar. Unter Berücksichtigung von Sichtbarkeit und Verfügbarkeit kann dies das Produkt- oder Serviceangebot eines Wettbewerbers, eine alternative Technologie, das momentan eingesetzte Produkt oder der Industriestandard sein.

Warum die Wahl auf mich fällt

USP (Unique Selling Proposition), UAP (Unique Advertising Proposition) und VP (Value Proposition) sind gern genutzte Konzepte um Erfolg für Produkte, Dienstleistungen oder Geschäftsmodelle zu schaffen oder zu verbessern. Ich möchte Ihnen einfache und konkrete Schritte nahelegen, einen Fahrplan sozusagen, wie Sie Ihre Kunden als zentrales Element in Ihre Geschäftsstrategie einbinden. Mein Tipp: Überprüfen Sie jeden Morgen, inwieweit Ihre für den Tag geplanten Tätigkeiten oder Arbeitsaufgaben zur Verbesserung mindestens eines dieser vier Punkte beitragen.

Falls die Aufgabe nicht zur Verbesserung eines der vier genannten Punkte beiträgt, delegieren Sie, ausgenommen Mitarbeitergespräche oder Krisenmanagement.

1. Ich kenne das (oder ein wichtiges) Problem meines Kunden.
2. Ich löse dieses Problem meines Kunden besser als die verfügbare beste Alternative.
3. Ich kommuniziere den Nutzwertvorteil meines Angebots effektiv.
4. Ich entwickle mein Angebot kontinuierlich, um den Nutzwertvorteil für den Kunden weiter zu verbessern.

Am Ende des Tages reflektieren und bewerten Sie, inwieweit Sie persönlich und/oder Ihre Organisation zu den vier Punkten beigetragen haben. Wenn Sie zu dem Ergebnis kommen, Sie haben nichts dazu getan einen der vier Punkte zu verbessern, haben Sie einen Tag verloren Ihre Strategie umzusetzen und sind wahrscheinlich gegenüber Ihrer Konkurrenz ein klein wenig zurückgefallen. Denn nur wenn Sie glaubhaft tiefes Interesse am Problem Ihres Kunden zeigen, dieses Problem besser lösen als alle anderen und den geschaffenen Mehrwert kontinuierlich verbessern, heben Sie Ihre Kundenbeziehung auf eine höhere strategische Ebene und sichern nachhaltig Ihren eigenen Unternehmenserfolg.

Über den Autor Klaus G. Kammermeier

Klaus G. Kammermeier berät unabhängig Geschäftsführer und Innovatoren, die erfolgreiche Geschäftsmodelle für eine sich schnell verändernde digitale Welt gestalten. Er war über 15 Jahre für ein wegen seiner bahnbrechenden Innovationen bekanntes Technologieunternehmen tätig. 10 Jahre davon in Großbritannien und in den USA. Über Organisationsgrenzen hinweg formte und führte er multidisziplinäre High-Performance-Teams in Amerika, Europa und Asien, um mit globalen Key-Kunden Millionen von Menschen den kostengünstigen Zugang zum Internet zu ermöglichen. Die gesammelten Erfahrungen hat er in einem neuen integralen Ansatz des Innovationsmanagements zusammengefasst und ermöglicht im InnovationLabs.Berlin etablierten Unternehmen, Gründern, Startups und Freelancern mit neuen Produkten und Geschäftsmodellen nachhaltig erfolgreich zu sein. Klaus G. Kammermeier ist Dipl.-Wirtsch.-Ing. (FH), Coach und Mentor für Gründer und Startups und u.a. für die Gründungswettbewerbe Berlin-Brandenburg und start2grow als Coach, Mentor und Juror tätig. Klaus ist glücklich verheiratet und lebt mit Familie in Berlin.

Kontakt
Klaus G. Kammermeier
kgk@cyoneer.de
cyoneer.de
InnovationLabs.Berlin

Öffentlichkeitsarbeit für Unternehmen oder Selbstständige

von Thomas Scharfstädt

Öffentlichkeitsarbeit ist ein wichtiges Management- und Steuerungsinstrument für Unternehmen gleich welcher Größe.
Um erfolgreich zu sein, muss Öffentlichkeitsarbeit langfristig und planvoll erfolgen. Die zunehmende Digitalisierung der Information verändert zudem die Rolle der klassischen Medien und macht Unternehmen selbst zu Medienproduzenten. Was Unternehmen oder Selbstständige beim Aufbau einer erfolgreichen Öffentlichkeitsarbeit beachten sollten, zeigt der nachfolgende Beitrag.

Kommunikation kostet – keine Kommunikation wird (oft) teuer

„Das war doch nur ein PR-Gag!", sagen viele, wenn sie einer Sache nicht so recht trauen. „Die hatte (k)einen guten PR-Berater", wenn es jemand geschafft – oder eben nicht geschafft hat –, sich gut in der Öffentlichkeit zu präsentieren. Was aber ist das Wesen von „Public Relations" alias Öffentlichkeitsarbeit alias PR denn nun? Gag-Suche oder doch ernste Kommunikation? Und was leistet sie für uns als Unternehmen? Was müssen wir tun – oder lassen –, um Erfolg zu haben?

„Public Relations ist die Kunst, durch das gesprochene oder gedruckte Wort, durch Handlungen oder durch sichtbare Symbole für die eigene Firma, deren Produkt oder Dienstleistung eine günstige öffentliche Meinung zu schaffen", schrieb Carl Hundhausen, einer der „Väter" der PR in Deutschland, in einem Artikel in der Zeitschrift „Die deutsche Werbung" 1937. Schön knapp und zeitlos gültig drückte es 1992 die Berliner Kommunikationswissenschaftlerin Barbara Baerns aus: „Selbstdarstellung partikularer Interessen durch Information." Damit kommen wir der Sache schon näher.
Damit Kommunikation nicht scheitert, müssen wir uns vorab über einige Dinge Klarheit verschaffen, die ich im Folgenden skizzieren werde. Wenn wir uns als Selbstständige und Unternehmer – ob angehende oder schon etablierte – mit PR befassen, dann geschieht das aus klaren, naheliegenden Motiven: Wir möchten, dass unser Geschäft, unsere Dienstleistung oder unsere Idee bekannt wird und Kunden, Investoren, Lieferanten oder auch Mitarbeiter etwas über uns erfahren – und wir

möchten bessere Umsätze machen. Es geht schließlich um unser Geld und unsere Zukunft. Dazu bedienen wir uns, wie Hundhausen schon schrieb, des gesprochenen oder gedruckten Wortes, aber auch Handlungen und sichtbarer Symbole. Letztere sind beispielsweise unser Logo auf Visitenkarte und Briefbogen, Auto und Website. Handlungen können von Messen und Events bis zu Sponsoring oder Mäzenatentum reichen. Das gedruckte oder gesprochene Wort – und zunehmend das gefilmte – ist zweifellos der wichtigste Bestandteil. Kannte Hundhausen zu seiner Zeit nur Radio und Printmedien, so stehen uns heute Internet, Blogs, Websites, soziale Medien, Videoportale und Kurznachrichtendienste zur Verfügung. Auch Zeitungen – aber die haben seit Hundhausen einen großen Teil ihrer Bedeutung verloren.

Kommunikation braucht ein Ziel

Nicht verändert hat sich der Umstand, dass PR langfristig ein Ziel verfolgt. Das unterscheidet sie von Alltagskommunikation, wo es meist um kurzfristige Ziele geht („Gib mir bitte den Hammer!"). Um ein Unternehmen aufbauen und erfolgreich Umsätze generieren zu können, braucht man ein langfristiges Kommunikationsziel. Jedes Hin und Her in der Kommunikation führt zur Verwischung der Unternehmensidentität und letztlich zum Verlust der Wahrnehmung.

Am Anfang jeder PR-Konzeption steht daher die Ziel-Definition. Es dürfen durchaus mehrere Ziele sein, die parallel oder zeitlich gestaffelt erreicht werden sollen: „Die Bekanntheit des Unternehmens und der Produkte erhöhen", „Vertrauen aufbauen", „Schaden abwenden." Die individuellen Ziele für Ihre eigene Unternehmens-PR müssen jedoch individuell und mit Sorgfalt herausgearbeitet werden. Viele Unternehmen sind sich zwar ähnlich – aber Ihre Kommunikation ist Ihr persönlicher Fingerabdruck.

Die ersten Schritte zu Ihrem PR-Konzept kann man daher auch unter dem Begriff „Differenzierung" zusammenfassen. Diese Aufgabe verlangt eine intensive Auseinandersetzung mit dem Kern dessen, was Ihr Unternehmen, seine Produkte oder Dienste ausmacht. Heute, morgen und möglichst auch übermorgen.

Be different!

Machen wir uns bewusst: Nur den wenigsten gelingt es, Produkte oder Dienstleistungen auf den Markt zu bringen, die so absolut einzigartig und begehrenswert sind, dass sie zum Selbstläufer werden. Wer hat nicht schon davon geträumt, das nächste „Google" oder „Amazon" zu erfinden? Aber seien wir ehrlich mit uns: Die meisten bieten genau die Dinge an, die ähnlich aussehen, schmecken und funktionieren wie die von zig anderen auch. Tröstlich: Manches dieser „Me-too-Produkte" ist durch geschickte Kommunikation sogar bekannter als das Original geworden.

Die Kunst der Differenzierung durch Kommunikation besteht darin, sich so in einer Marktnische, in einer Kundenzielgruppe oder Community zu positionieren, dass auf Anhieb deutlich wird: Dieser Anbieter hat verstanden, er passt zu mir, er ist sympathisch, cool, besonders kompetent und vertrauenswürdig.

Um zu wissen, worin diese Differenzierung bestehen sollte, ist es fundamental wichtig, seinen Markt, seine Zielgruppen und den Wettbewerb genau zu analysieren. Darüber hinaus muss man natürlich auch seine eigenen Produkte, Stärken oder professionellen Qualitäten gut kennen. So ergibt sich eine Art Matrix: Hier der Markt und der Wettbewerb, dort die Zielgruppen und hier ich. Es wird Schnittmengen, aber auch Abweichungen geben, wo beispielsweise mein Produkt, meine Beratungskompetenz in diesem Markt oder in dieser Zielgruppe nur von mir angeboten wird. Daran schließt sich die Frage an: Reicht das schon für ein Alleinstellungsmerkmal oder braucht es weitere kommunikative Differenzierungen? Bei diesem Schritt kann es sehr nützlich sein, sich Beratung zu holen oder mit Partnern und Mitarbeitern in Klausur zu gehen. Der selbst-referenzielle Blick auf das eigene Projekt ist oft getrübt und von einer unrealistischen Selbstwahrnehmung – sowohl Über- wie Unterschätzung – geprägt. Der Blick des Außenstehenden kann hier Klarheit bringen.

Kommunikation braucht Organisation und Struktur

Wenn feststeht, wie sich das Unternehmen nach außen hin positionieren soll, ist der erste Schritt getan. Was nun folgen sollte, ist der Aufbau von effizienten Strukturen. Gute PR besteht daher vor allem aus Organisieren und Managen: aus dem Aufbau von Strukturen, personellen und finanziellen Ressourcen sowie einer Zeitachse, auf der realisiert wird.

Ein weiterer wichtiger Vorbereitungsschritt betrifft die Schaffung struktureller Voraussetzungen: Von der rechtzeitigen Bestellung der Visitenkarten über die Einrichtung der Firmen-Domain im Internet und dem Aufbau der Website bis hin zur Klärung der Frage, wer im Unternehmen für die Kommunikation verantwortlich sein soll.

Letzteres ist eng mit der Frage der personellen Ressourcen verknüpft. Anfangs mag es vielleicht noch angehen, dass ausschließlich der Inhaber oder Gründer mit Journalisten, Mitarbeitern, Kunden und Öffentlichkeit spricht. Doch schon bald wird das nicht mehr gehen. Stellen Sie sich vor, Journalisten haben erfahren, dass Sie einen außergewöhnlichen Großauftrag erhalten haben, dass Sie die Hälfte Ihrer Mitarbeiter entlassen müssen, dass eines Ihrer wichtigsten Produkte zurückgerufen werden muss. Egal ob Erfolgs- oder Hiobsbotschaft: Wenn die Anrufer am Telefon hören: „Sorry, unser Geschäftsführer ist gerade nicht erreichbar" oder nur die Mailbox läuft, dann können Sie sich ausmalen, was passiert: Journalisten werden sich Informationen anderswo besorgen: Bei einem Ingenieur, der mehr von Ihren neuen Produkten erzählt, als Ihnen lieb ist, oder bei verärgerten Mitarbeitern und Verbraucherschützern, die gerade massiv über Ihre Produkte klagen. Danach können Sie eigentlich nur noch kommunikativ reagieren, statt souverän zu agieren.

Durch Struktur und Organisation sorgen Sie dafür, dass Ihre Unternehmenskommunikation die Herrin der Agenda und der Themen bleibt, ihr das Handeln nicht von außen aufgezwungen wird.

Kommunikation mit externen Beratern oder doch besser intern?

Um solche Situationen zu vermeiden, kann man entweder eine Pressesprecherin oder einen -sprecher einstellen oder einzelne Mitarbeiter so qualifizieren, dass sie professionell für das Unternehmen sprechen können. Ähnliche Fragen müssen sich auch Selbstständige und Kleinunternehmen stellen: Mache ich alles selbst oder schaue ich mich nach einer Web-Agentur oder einem PR-Berater um, die mich beraten und entlasten?

Gleich, ob man sich nun durch externe Berater unterstützen lässt oder auf eigene Mitarbeiter setzt. Die wichtigste Voraussetzung für eine erfolgreiche Unternehmenskommunikation ist Vertrauen: Ein Inhaber oder Geschäftsführer muss sich darauf verlassen können, dass sein Kommunikationsexperte Vertrauliches für sich behält und verantwortungsvoll agiert. Umgekehrt müssen sich Berater darauf verlassen können, dass sie in alle relevanten Vorgänge vollständig eingeweiht wurden – die angenehmen wie die kritischen. Und sie benötigen einen direkten Draht zur Unternehmensführung, den sie ohne „Dienstweg" jederzeit nutzen können. Die Öffentlichkeit verzeiht weder ungenaue oder falsche noch verspätete Informationen. Obwohl seit Jahrzehnten darüber berichtet und geforscht wird, ist es gerade in mittelständischen, inhabergeführten Unternehmen noch üblich, die Funktion des Unternehmenssprechers weit weg von der Geschäftsführung anzusiedeln. Erfolgreich kommunizierende Unternehmen dagegen sehen die Öffentlichkeitsarbeit als Steuerungs- und Managementfunktion an.

Öffentlichkeitsarbeit kostet Zeit und Geld

Die Vorstellung, dass ein Verzicht auf professionelle Öffentlichkeitsarbeit billig sei, wird oft von der Realität teuer bestraft. Nicht (planvoll) zu kommunizieren kostet auf vielfache Weise: durch fehlende Präsenz, weniger Umsatz, schlechtere Chancen, qualifizierte Bewerber zu finden oder höhere Krisenanfälligkeit. Das muss man sich bewusst machen, wenn man das Budget für Öffentlichkeitsarbeit plant.

Ohne ausreichende finanzielle und personelle Ressourcen ist strategische Öffentlichkeitsarbeit nicht machbar. Durch die kluge Nutzung kostenloser oder preiswerter Kommunikationstools im Internet lässt sich bereits mit einem Mini-Budget ein breites Spektrum an Medien und Öffentlichkeit erreichen. Vor allem junge Start-ups beherrschen die Kunst, durch pfiffige, selbstproduzierte Videos oder Aktionen in kürzester Zeit Hunderttausende Klicks und „Freunde" zu generieren. Nicht selten schaffen sie es so, ohne je einen Cent für Werbung ausgegeben zu haben, auch in die klassischen Medien. Doch erstens passt das nicht zu jedem von uns und zweitens ist es auch nicht ganz so banal, wie man denkt. Und vor allem: Alles dies erfordert geschulte Arbeitskraft. Die wohl wichtigste Ressource für PR.

Bei den Kosten für Öffentlichkeitsarbeit gibt es feste Positionen: die Website, das Corporate Design, der Druck der Unternehmensbroschüre. Meist ergeben sich daraus aber Folgekosten. Wer nicht über gut ausgestattete PR- oder Werbeabteilungen verfügt, muss später Leistungen wie die Aktualisierung und Wartung der Website extern einkaufen.

PR-Agentur oder Einzelberater?

Nicht selten entscheidet man sich gleich für eine PR- oder Werbeagentur, welche die Öffentlichkeitsarbeit und häufig auch die Pressearbeit übernehmen soll. Dies ist vor allem dann sinnvoll, wenn man damit Know-how und Ressourcen einkauft, die man selbst nicht bereitstellen kann oder will. Überlegen Sie jedoch genau, wie viel Verantwortung die Agentur übernehmen soll und schauen Sie sich die Verträge mit dem künftigen Partner genau an. Behalten Sie vor allem immer die Möglichkeit einer späteren sauberen Trennung im Auge. So mancher Agenturwechsel wurde schon zum Nervenkrieg, weil vorher nicht klar geregelt worden war, wer welche Rechte und Inhalte nach einem Wechsel behalten darf.

Beliebte Angebote von Agenturen sind Full-Service-Pakete, sogenannte Retainer. Dabei wird zwischen Agentur und Kunde ein Vertrag über ein zuvor festgelegtes Maßnahmenpaket geschlossen, das meist pauschal vergütet wird. Der Kunde sichert sich so eine langfristig angelegte PR-Betreuung und das Know-how der Agentur. Diese profitiert wiederum von der Planungssicherheit fester Einnahmen. Eine Win-win-Situation also.

Aber nicht immer. Geht es zum Beispiel um den Aufbau einer Website mit einem Content-Management-System und den Ankauf von Fotos, Grafiken, Designs und Texten, sollte man als Auftraggeber sehr genau darauf achten, dass die Nutzungsrechte daran beim Wechsel des Dienstleisters beim Kunden verbleiben oder übernommen werden können. Hat die Agentur etwa für den Aufbau der Website ein eigenes, nicht frei verfügbares Content-Managementsystem gewählt, kann man bei einem Dienstleisterwechsel meistens bei Null anfangen.

Für Projekte wie die redaktionelle Betreuung von Webseiten, Blogs, Broschüren, Pressetexten oder die Organisation einer Veranstaltung bieten freiberufliche Einzelberater daher oft Vorteile gegenüber Agenturen. Neben ihrer meist langjährigen Erfahrung auf ihrem Spezialgebiet ist bei ihnen „Chefbetreuung" die Regel. Dagegen werden in Agenturen gerade kleinere Budgets nicht selten an häufig wechselnde Junior-Berater delegiert. Bei der Suche nach geeigneten Agenturen oder Beratern bieten Verbände wie die Deutsche Public Relationsgesellschaft e. V. (www.DPRG.de) oder Gesellschaft Public Relations Agenturen e.V (www.GPRA.de) Hilfe und ein Netz von Ansprechpartnern in allen Bundesländern.

Presse, Internet und soziale Netze

Wir haben bis hierhin vor allem die „inneren" strategischen und organisatorischen Vorbereitungen für die Unternehmenskommunikation und PR erörtert. Kommen wir abschließend zu den Maßnahmen, mit denen wir nach außen wirken wollen:

• Medienkampagnen mit Pressegesprächen, Pressemitteilungen, Fachartikel
• Broschüren, Websites, Blogs, Social Media, Newsletter, Kunden- und Mitarbeitertermedien
• Events, Roadshows und Messen, u.s.w.

Das Feld der möglichen PR-Maßnahmen ist extrem breit und ihr Einsatz sehr einzelfallabhängig. Deswegen werde ich nicht im Detail auf alles eingehen. Der „Klassiker" Pressemitteilungen mit oder ohne Bildanhängen ist nach wie vor das Mittel der Wahl für die meisten Presseaktivitäten. Man verschickt sie heute per Mail – Post und Fax sind nur noch für persönliche Einladungen und besondere Events zu empfehlen. Allerdings hat die Bedeutung der klassischen Pressemeldung stark abgenommen. Redaktionen erhalten täglich Hunderte Mails. Gefühlte 99 Prozent davon landen ungelesen im Papierkorb, weil sie entweder zu wenig Nachrichtenwert hatten oder zu werblich waren.

Wichtige Faktoren jeder Maßnahmenplanung sind Zeit(punkt) und richtige Verknüpfung. Ein Beispiel: Vor einer geplanten wichtigen Produkteinführung, die im kommenden Jahr auf einer Fachmesse erfolgen soll, starten Sie im Herbst/Winter des laufenden Jahres Veröffentlichungen und Fachartikel. Es folgen Pressemeldungen im Messe-Vorfeld und Einladungen an die Fachpresse zum Besuch der Messe. Eventuell veranstalten Sie auch eine eigene Hausmesse oder eine Roadshow, bei der Sie Ihre Produkte an wichtigen Orten präsentieren. Das Ganze findet online und offline in Ihren Medien statt. So bauen Sie Aufmerksamkeit und Medienresonanz über einen längeren Zeitraum auf.

PR wird immer mobiler

Das Beispiel zeigt, was sich in der Öffentlichkeitsarbeit stark verändert hat: Unternehmen werden durch die Nutzung selbst geschaffener Medien wie Blogs, Webs oder Social Media immer mehr zu Produzenten und Verbreitern der eigenen Nachrichten. Sie machen damit Journalisten nicht überflüssig, aber sie dringen immer mehr in die Domänen der Verlage und Medienhäuser ein und werden unabhängiger. Nicht mehr einige wenige Journalisten sind heute die „Gatekeeper" in einer pluralen Kommunikationsgesellschaft, sondern zunehmend Blogger oder Verbraucher, die in sozialen Netzen über ihre Erfahrungen schreiben.

Das spiegelt auch die gewandelte Mediennutzung in Deutschland wider. Die Anzahl der Menschen die „mehrmals wöchentlich" eine Zeitung lesen, sinkt seit Jahren kontinuierlich. Sie ist von knapp 52 Prozent (2010) auf knapp 47 Prozent (2014) gefallen. (Quelle: Statista 2015). Zugleich nehmen die mobile Internetnutzung und der Medienkonsum über digitale Endgeräte stark zu. Laut Digitalverband BITKOM nutzen sechs von zehn Bundesbürgern ab 14 Jahren heute ein Smartphone. Das sind rund 44 Millionen Menschen. 76 Prozent über 14 Jahren sind per Handy oder Smartphone im Netz unterwegs, wie die aktuelle Allensbacher Computer- und Technikanalyse (ACTA) zeigt.

Diese Verlagerung von Print zu Online und weiter zu Mobile wird noch sehr gravierende Auswirkungen auf die Maßnahmenplanung von PR haben. Ein erster deutlicher Hinweis ist die Ankündigung des Internetkonzerns Google, nicht mobiloptimierte Webseiten schrittweise im mobilen Suchmaschinenindex nicht mehr anzuzeigen.
Auch an Journalisten geht dieser Trend natürlich nicht vorbei. Google und Social Media-Kanäle wie Twitter, Youtube, Facebook und mit viel Abstand Google+ sind auch für sie heute unverzichtbare Informationsquellen. Dementsprechend ist es wichtig, eine Pressemeldung eben nicht nur per Mail zu verschicken, sondern sie auch auf der Homepage oder im Firmenblog zu veröffentlichen und Links per Twitter und Facebook zu versenden.

In der PR, das zeigen diese Entwicklungen, geht es schon lange nicht mehr nur darum, eine „günstige öffentliche Meinung zu schaffen", wie Carl Hundhausen einst schrieb, sondern komplexe Dialogprozesse zu initiieren und zu steuern. Dazu müssen sehr viele verschiedene Stellschrauben bedient werden. Diese Art PR und Öffentlichkeitsarbeit erfordert viel Expertenwissen. Sie ist aber auch eine große Chance für Unternehmen und Menschen, die verstehen, die kreativen Spielräume zu nutzen, die ihnen die Neuen Medien bieten und die etwas wagen.

Zusammenfassung

Vorbereitung: Zielfindung, Organisation, Strategie

Der erste Schritt sind Organisation und Festlegung der Ziele: Was und wen will man erreichen? Genauso wichtig ist die organisatorische Vorbereitung: Ansprechpartner, Website, Visitenkarte, Budget und Zeitplan.

Starten Sie mit Kommunikation lieber etwas später, aber dafür mit guter Vorbereitung. Schnelle und kurzfristige mediale Aufmerksamkeit ist schön und gut, aber nicht zu vergleichen mit einer dauerhaften und regelmäßig guten Platzierung in den Medien.

Wechseln Sie nicht ständig Ihre Inhalte: In der PR kommt es nicht auf Abwechslung an, sondern auf die geschickte Variation und Wiederholung klarer Botschaften.

Finanzen und Ressourcen

Öffentlichkeitsarbeit funktioniert am besten mit Geduld, Ausdauer und einer langfristig ausgerichteten Strategie. Das gilt auch für die Finanzen. Sein Budget in einem „PR-Feuerwerk" am Anfang zu verbrennen, bringt kurzfristige Effekte, aber keinen langfristigen Erfolg. Planen Sie das Unerwartete ein.

Sorgen Sie für professionelle Beratung – aber fesseln Sie sich nicht an Ihre Berater.

Maßnahmen und Umsetzung

Klassiker wie die Pressemeldung oder Fachartikel leben von ihrem Newswert und ihrer Aktualität. Verzichten Sie auf werbliche Botschaften und überflüssige Pressemeldungen.

Vor allem Fachmedien haben oft monatelange Vorlaufzeiten, erscheinen oft nur 2-6 Mal im Jahr. Einen Anhaltspunkt bieten die Themenpläne, die meist auch auf der Medienseite neben den Mediadaten veröffentlicht werden.

Wenn Sie Twitter, Facebook oder Blogs in Ihre PR einbinden, müssen Sie wissen: Diese Kanäle verlangen nach permanenter Aufmerksamkeit und Betreuung.

Vernetzt kommunizieren – Online hat Vorfahrt

Vernetzen Sie Ihre Maßnahmen: Pressemeldungen mit der Homepage und Twitter, Messen und Events mit Social Media. Digital herunterladbare Informationen wie aktuelle Pressemeldungen und Bildmaterial, ein Unternehmensporträt und die wichtigsten Fakten zum Unternehmen gehören zur Grundausstattung. Dies gilt auch für die Kontaktdaten des Ansprechpartners für Journalisten.

Mobil sein: Optimieren Sie Ihre Website für mobile Endgeräte, wenn Sie zukünftig noch von Suchmaschinen gefunden werden wollen.

Über den Autor Thomas Scharfstädt

Das Interesse von Thomas Scharfstädt für das Thema „Öffentlichkeitsarbeit" wurde schon 1990 nach dem erfolgreichen Abschluss seines Politikwissenschafts-Studiums in Bonn mit einer Magister Arbeit zum Thema „Kommunale Öffentlichkeitsarbeit" geweckt. Er hatte damals bereits zehn Jahre Zeitungs-Erfahrung hinter sich. Doch statt den Weg in eine Pressestelle einzuschlagen, startete Thomas Scharfstädt nach weiteren Stationen als Fachjournalist und Radioredakteur 1993 in die Selbstständigkeit mit dem Schwerpunkt Hörfunk-PR und Redaktion.

Kontakt
Thomas Scharfstädt
info@technikdialog.de
www.technikdialog.de

Zwischen 2000 und 2007 war der gebürtige Rheinländer kurzzeitig als Pressereferent und -sprecher der Düsseldorfer Verlagsgruppe Handelsblatt tätig und wechselte dann in die Unternehmenskommunikation des Mobilfunknetzbetreibers E-Plus. Dort war er vor allem für die regionale Kommunikation und die Themen Technik und Gesundheit zuständig. Seit 2007 ist Thomas Scharfstädt wieder mit dem Redaktionsbüro Technikdialog selbstständig. Dort berät und unterstützt er seine Kunden vor allem in der redaktionellen Umsetzung von Inhalten für die Öffentlichkeitsarbeit. Er lebt und arbeitet in Berlin.

Wen kennen Sie? Wer kennt Sie? Wer kennt Ihr Angebot?

von Dr. Georg Pauthner

Es geht um Ihre Netzwerke!
Wer in der „Jetztzeit" etwas wissen will, der fragt Wikipedia. Als „Netzwerk" werden demnach Systeme bezeichnet, deren zugrundeliegende Struktur sich mathematisch als Graph modellieren lässt und die über Mechanismen zu ihrer Organisation verfügen. Sicher richtig, aber doch sehr allgemein.

Viel näher kommen wir mit dem neu-deutschen Verb (laut Duden) „netzwerken", denn „jeder tut es, ob privat beim Sport oder in der Stammkneipe, auf dem Schulhof oder auf Konferenzen". Netzwerken, auch unter „networken" bekannt, meint den Aufbau und die Pflege des eigenen Kontaktnetzwerks, mit dem Ziel, dieses zu erweitern und unter Umständen Vorteile daraus zu gewinnen. Netzwerken ist der Prozess der Kontaktsuche, gleichzeitig aber auch die Beschäftigung mit dem eigenen Netzwerk, indem man sich mit diesem austauscht, sich informiert und gegenseitig hilft[15].

Jetzt wissen wir zwar, was Netzwerken ist, aber bis zur „schwarzen Null" zwischen Aufwand und Ertrag sind doch noch einige Fragen zu stellen und Antworten zu finden ...
... und es gibt jede Menge Netzwerke ...

„Kontakte" und „Beziehungen" – (fast) das Gleiche, oder?

Sie haben viele Kontakte, vielleicht sogar sehr, sehr, sehr viele Kontakte? Versuchen Sie nicht, den Weltrekord zu brechen, denn das könnte dauern. Craig Shergold, ein damals an Krebs erkrankter Junge bat Anfang der 1990er Jahre um Genesungswünsche per Postkarte. Das Ergebnis: Die letzte bekannte Schätzung stammt von 2007 und liegt bei 350 Millionen ...

---

[15] www.gruenderszene.de/lexikon/begriffe/netzwerken

Was nützen denn „Kontakte"? Sie brauchen „Beziehungen"!
... und was ist der Unterschied zwischen Kontakten und Beziehungen?
Eine Visitenkarte zu haben oder online vernetzt zu sein bedeutet, Kontakt zu haben.
Im beruflichen Leben sollten Sie auch noch nachweisen können, dass Ihr Kontakt
damit einverstanden ist, dass Sie ihn „kontaktieren", z.B. via Telefon, Email, ... [16]

Sich auf jemanden verlassen zu können bedeutet, eine Beziehung zu haben. Beziehung heißt, dass jemand bereit ist, mehr für seinen Partner zu tun, als er müsste.
Nur solche Verbindungen nutzen einem, nur solche Verbindungen sollte man aktiv
pflegen. Eine Beziehung ist also ein Kontakt, der durch eine Vertrauensbasis ergänzt
wird.

Wie macht man aus einem Kontakt eine Beziehung?
Aus einem Kontakt macht man eine Beziehung, indem man der Verbindung Vertrauen hinzufügt. Dies kann man durch gemeinsames Erleben von Sondersituatio-
nen schaffen, z.B. ein Erdbeben, einen Unfall oder ganz einfach und planbar, durch
einen Besuch eines Fußballspiels. Vielversprechender und sehr viel besser planbar
ist aber der langsame, und vor allem regelmäßige Vertrauensaufbau.

Das Ergebnis: Ein belastbares Netzwerk, geschaffen mit Systematik und Nachhaltig-
keit!

Beispiele gefällig? Ähnlich wie in der Kunst kann erst die Nachwelt beurteilen, was
gut, richtig und „bleibend" ist oder für baldiges Vergessen geeignet. Deshalb einige
Blicke zurück:
• Vor vielen 10.000 Jahren waren Netzwerke nicht nötig für den Umsatz! Sie wa-
  ren „nur" überlebensnotwendig. Ein Mammut „allein" zu jagen war ziemlich aus-
  sichtslos. Mit einem „Netzwerk von Jägern" gelang es sehr gut (vielleicht zu gut).
• Die Hanse war ursprünglich ein Netzwerk niederdeutscher Kaufleute. Es hat fünf
  Jahrhunderte überdauert. Später entwickelte sich daraus die „Städte-Hanse".
• Auch wenn sie in der heutigen Zeit ziemlich „aus der Zeit gefallen" wirken: Die
  Burschenschaften („Verbindungen") waren und sind „Netzwerke für's Leben"!

---

[16] § 20 Abs. 2 Gesetz gegen den unlauteren Wettbewerb, UWG

Ganz professionell: Wer gibt, gewinnt!

Jeder Unternehmer weiß: Im Kapitalismus ist der Vertrieb bei (fast) allen Unternehmen „der" Engpass. Und Sie können sich einige Dutzend Vertriebs-„Mitarbeiter" nicht leisten? ... oder doch? Wie wäre es damit: Bis zu 40 motivierte Verkäufer mit vielen guten Kontakten akquirieren für Sie Kunden. Ohne Provision, aber mit der Erwartung, dass Sie das Gleiche tun!

Ein Beispiel für ein Empfehlungsnetzwerk: BNI (Business Network International)[17] –

BNI ist das weltweit größte Unternehmernetzwerk für Geschäftsempfehlungen. 1985 in den USA gegründet, hat sich die Organisation bis heute in 58 Ländern etabliert. Inzwischen sind 175.842 kleine und mittelständische Betriebe, Freiberufler und Selbständige Mitglieder in 7.024 lokalen Gruppen („Chapter").

Prinzip 1:
Regelmäßiges und systematisches „Gießen" lässt Beziehungen „sprießen".
Bei wöchentlichen Treffen Ihrer Gruppe stellen Sie sich, Ihre Leistungen, Stärken und aktuellen Projekte immer wieder aufs Neue dar. Das trainiert und schafft Vertrauen.

Prinzip 2:
Konkurrenz? Die gibt es nicht (zumindest nicht im eigenen „Chapter").
Jede der lokalen BNI-Gruppen nimmt nur ein Team-Mitglied pro Berufssparte auf.

Prinzip 3:
Jeder kennt den Spruch „Vertrauen ist gut, Kontrolle ist besser".
Bei BNI wird exakt Buch geführt über Empfehlungen, daraus resultierende Umsätze und Einladungen von potentiellen Neumitgliedern.

Prinzip 4:
Und ein bisschen Weiterbildung ist auch noch ein „Muss".
Es nennt sich „Mitglieder-Erfolgstraining" und ist Pflicht.

Ein vergleichbares Netzwerk ist z.B. fne (fair networking enterprises)[18].

---

[17] www.bni.de/
[18] www.go-fne.de/

Wie kungelt man in Ihrem Kiez?

Gegenseitige Hilfe, koordinierte Aktionen von Unternehmen am gleichen Standort sind ziemlich naheliegend. Es muss „nur" organisiert werden. Dazu einige Beispiele aus Berlin. Die Beschreibungen sind (teilweise sinngemäß) deren Homepages entnommen.

- **Netzwerk Großbeerenstraße**[19]
  „Gemeinsame Interessen vertreten" und sich „für die Belebung und Stärkung des Standortes einsetzen", dieses Ziel verfolgen Unternehmerinnen und Unternehmer des Netzwerks in Berlins zweitgrößtem Gewerbegebiet mit mehr als 6.000 Arbeitsplätzen in 250 ansässigen Betrieben. Im Gründungsjahr wurde der Verein mit Mitteln des Bezirks Tempelhof-Schöneberg und der Europäischen Union unterstützt. Die beauftragten Büros waren regioconsult und Planergemeinschaft.

- **Unternehmer-Netzwerk Lichtenrade**[20]
  Das Netzwerk verknüpft Lichtenrader Firmen und Unternehmer
  - Ziel 1: Netzwerker stärken ihre Unternehmen
  - Ziel 2: Lichtenrader Unternehmer machen Lichtenrade stark
  Das Netzwerk wendet dazu verschiedene Strategien an:
  - Die Netzwerker helfen und unterstützen sich gegenseitig
  - Über das Netzwerk werden neue Kundenkontakte aufgebaut
  - Die Organisationsstruktur entwickelt sich Schritt für Schritt
  Das erste Treffen des Unternehmer-Netzwerks fand Anfang Oktober 2010 statt. Seit Mai 2013 ist das Unternehmer-Netzwerk Lichtenrade ein eingetragener Verein. Z.Z. hat das Netzwerk fast 50 Mitglieder und zahlreiche Interessenten.

- **Unternehmernetzwerk Klausenerplatz**[21]
  Das Unternehmensnetz Klausenerplatz (UNK) ist eine junge Initiative. Sie wurde ab Juli 2010 von engagierten Unternehmerinnen und Unternehmern vorbereitet und im Januar 2011 offiziell gegründet. Seit Februar 2012 ist sie ein eingetragener Verein.

---

[19] www.netzwerk-grossbeerenstrasse.de
[20] www.un-lichtenrade.de
[21] www.unternehmensnetz-klausenerplatz.de

Das Ziel des Netzwerks ist es, den Klausenerplatz-Kiez als Wirtschaftsstandort zu beleben und abwechslungsreich zu gestalten. Das Unternehmernetzwerk steht für die Stärkung und Vitalisierung des Klausenerplatz-Kiezes im Bezirk Charlottenburg-Wilmersdorf, um seine Attraktivität sowohl für Freiberufler, KMUs und Unternehmen als auch für hier lebende und arbeitende Menschen zu erhöhen.

Bum, bum, VDBUM – ein Beispiel für einen Branchen-Verband!

Wenn Sie überregional agieren wollen, sind branchenspezifische Organisationen Ihre erste Adresse.

Als Beispiel wird im Folgenden der Verband der Baubranche, Umwelt- und Maschinentechnik e.v. (VDBUM)[22] beschrieben. Dies ist eine berufsständische Interessenvertretung, die ihre Mitglieder in allen Fragen des beruflichen Alltags vertritt und ein Forum für Baufachleute darstellt.

Zum Mitgliederkreis gehören sowohl die Anwender als auch die Hersteller der Baumaschinen mit ihren Vertriebs- und Servicepartnern. Ferner zählen zu den Mitgliedern Sachverständige, Hochschuldozenten sowie Repräsentanten von Verbänden. Seit der neuen Ausrichtung im Februar 2012 zählt auch die komplette Baubranche zum Mitgliederkreis. Die Hauptverwaltung in Bremen/Stuhr bildet mit ihren 17 Verbandsstützpunkten bundesweit ein engmaschiges Netzwerk, das den direkten Kontakt zu den Mitgliedern sicherstellt und das kooperative Miteinander fördert.

Der Verband stellt eine Wissens-, Informations- und Kontaktbörse dar, die einen gezielten Erfahrungsaustausch ermöglicht. Mit Wissen die Zukunft gestalten. Der Leitgedanke des Verbandes ist es, Interessen zu vertreten, Ideen zu fördern und Menschen zu verbinden.

In anderen Branchen gibt es vergleichbare Organisationen.

---

[22] vdbum.de/hp1/Startseite.htm

Sie wachsen und wachsen – bis Sie reif sind für den BVMW?

Wenn Sie mit Ihren Produkten landesweit und branchenübergreifend agieren, dann sollten Sie nach einem entsprechenden Netzwerk suchen. Ein Beispiel ist der „Bundesverbandes der Mittelständischen Wirtschaft" (BVMW)[23]. Die Verbandsphilosophie des BVMW wird von vier Säulen getragen:

- **Politische Interessenvertretung**
  Nur als starke Solidargemeinschaft können die kleinen und mittleren Unternehmen auf die wirtschaftspolitischen Rahmenbedingungen Einfluss nehmen. Einschließlich seiner Mitgliedsverbände spricht der BVMW für mehr als 270.000 Unternehmen mit rund 9 Millionen Beschäftigten.

- **Persönliche Beratung**
  Ein bundesweites Netz von mehr als 300 Geschäftsstellen bietet Unternehmern eine individuelle Betreuung durch einen persönlichen Ansprechpartner vor Ort. Ein bundesweites Beraternetzwerk aus mehr als 1.000 Steuerberatern, Rechtsanwälten und Unternehmensberatern sichert die unternehmerischen Entscheidungen ab.

- **Kommunikative Veranstaltungen**
  Mehr als 2.000 BVMW-Veranstaltungen und Seminare finden jährlich bundesweit statt.
  Aktuelle Informationen sichern den Unternehmern entscheidende Wissensvorsprünge im Wettbewerb.
  Neue Geschäftskontakte werden von Unternehmer zu Unternehmer geknüpft.

- **Praxisbezogene Informationen**
  Innovative Dienstleistungen unterstützen die Unternehmensleitung.
  Bei der Problemlösung rechtlicher und betriebswirtschaftlicher Fragen erfolgt schnelle und kompetente Hilfe.
  Bei der Beschaffung von Informationen für wirtschaftliche Aktivitäten im Ausland erfolgt konkrete Hilfestellung.

---

[23] www.bvmw.de/der-bvmw

Zehn Englein wünsch ich dir ... reicht nicht ein Business Angel?

Der Business Angels Netzwerk Deutschland e.v. (BAND)[24] engagiert sich für den Aufbau der Business Angels Kultur in Deutschland, organisiert den Erfahrungsaustausch und fördert Kooperationen. BAND ist Sprecher der Business Angels Netzwerke gegenüber Politik und Öffentlichkeit und vertritt im Interesse junger innovativer Unternehmen die Belange der Business Angels.

BAND wurde im Jahr 1998 als eingetragener Verein gegründet. Seit 2001 ist BAND anerkannter Dachverband der deutschen Business Angels und ihrer Netzwerke.

Leitbild
BAND steht für das Leitbild des "zweiflügligen" Business Angels, der sich sowohl mit Kapital als auch mit Know-how an jungen, innovativen Start-ups beteiligt. Business Angels stehen häufig am Anfang der Finanzierungskette, dort, wo der Engpass am größten ist. Darüber hinaus spielen Business Angels zunehmend auch in Folgefinanzierungsrunden eine nicht unbedeutende Rolle. Aus diesen Gründen sind sie von großer volkswirtschaftlicher Bedeutung.

Business Angel Ecosystem
Im Business Angel Ecosystem findet ein ständiger Veränderungsprozess statt. BAND greift diesen Wandel (Super Angels, Crowdinvesting, Accelators, Incubators, Family Offices) auf und bietet neuen Finanzierungsformen genauso wie den klassischen Venture Capital Fonds dort Partnerschaft an, wo gemeinsame Interessen liegen oder es um die Belange der zu finanzierenden Start-ups geht.

Alte Liebe rostet nicht! Wissen Sie, was Alumni-Netzwerke sind?

Ist Ihnen eigentlich klar, dass Sie bereits in vielen Netzwerken „verwoben" sind?
- Freitags um eins macht jeder seins. Für den Unternehmer gilt das sicher nicht! Trotzdem gibt es immer noch ein Privatleben und ganz private Netzwerke. Sportvereine bieten z.B. sehr häufig viele Kontaktmöglichkeiten.
- Für (fast) jeden Unternehmer gab es ein Leben vor seinem Unternehmerleben.

---

[24] www.business-angels.de

Schon seit einigen Jahrzehnten bietet die TU Berlin einen Anlaufpunkt für Absolventinnen und Absolventen. Damit ist sie eine der Vorreiterinnen bei der Betreuung von Alumni in Deutschland. Über die Jahre haben sich rund 30.000 Personen im TU-Alumni-Programm[25] angemeldet. Jährlich kommen rund 1500 Interessierte dazu. Damit ist das Programm gleichzeitig eines der größten an deutschen Hochschulen. Dass die Absolventenbetreuung einen sehr hohen Stellenwert besitzt, drückt sich auch darin aus, dass das Programm direkt dem Präsidenten der Universität zugeordnet ist.

Im TU-Alumni-Programm sind alle interessierten ehemaligen Studierenden, Wissenschaftlerinnen und Wissenschaftler willkommen, genauso wie ehemalige Mitarbeiterinnen und Mitarbeiter in den Büros, Werkstätten und Laboren oder Gastwissenschaftlerinnen und Gastwissenschaftler. Die Türen stehen offen für all diejenigen, die an der Universität studiert, gearbeitet oder geforscht haben – egal in welchem Zeitraum und an welcher Stelle und Funktion in der TU Berlin.

Sie sind auf der Suche nach Ihren ehemaligen Kommilitoninnen und Kommilitonen oder Sie interessieren sich für Weiterbildung und Beratung in Ihrem Fachgebiet? Es könnte auch sein, dass Sie einen Kooperationswunsch mit TU-Wissenschaftlerinnen und TU-Wissenschaftlern haben? Oder Sie möchten zu einem interessanten Vortrag kommen und auf einem Empfang mit Ihren ehemaligen Hochschullehrern plaudern? Wenn Sie diese Wünsche haben, dann ist das Alumni-Team die richtige Anlaufstelle für Sie.

Falls Sie nicht an der TU Berlin studiert oder gearbeitet haben: Es gibt auch andere Alumni-Netzwerke[26].

---

[25] www.alumni.tu-berlin.de
[26] www.alumniportal-deutschland.org/startseite.html

Was machen denn die „Freelancer International e.v."?

Der Verband Freelancer International e. V.[27] führt Selbstständige, Freiberufler und Kleinunternehmer unterschiedlichster Berufsgruppen unter einem Dach zusammen. Gerade diese
• Branchenvielfalt
zusammen mit der
• Breite an Erfahrungen –
vom Einsteiger bis zum „alten Hasen" zeichnet den Verband aus.

Der Verein wurde im Jahr 2000 in Stuttgart gegründet und ist inzwischen durch eine wachsende Zahl von Regionalgruppen deutschlandweit vertreten, wobei viele Mitglieder auch international tätig sind.

Ziel des Verbands ist es, die Kommunikation und den fachlichen Austausch bis hin zu gemeinsamen Projekten und Kooperationen unter den Mitgliedern zu fördern. Dies wird erreicht durch verschiedene Angebote wie z. B. Netzwerkabende mit Fachvorträgen und persönlichem Austausch, Projektgruppen, Webauftritt und Messeteilnahmen.

Der Verband sieht sich darüber hinaus als Ansprechpartner und Kooperationspartner für Wirtschaft, Verwaltung und Institutionen. Durch gezielte Lobbyarbeit soll der gesellschaftliche Stellenwert selbstständiger Arbeit deutlich verbessert werden. Der Verband setzt sich dafür ein, die wachsende Zahl von Selbstständigen zu unterstützen, die innovative und flexible Wege in der Ausübung ihrer Erwerbstätigkeit gehen.

Der Verband Freelancer International e. V. besteht aus einem überregional zuständigen Präsidium, einem unterstützenden Beirat und den Regionalgruppen mit regelmäßigen Netzwerkabenden vor Ort. Daneben werden interessante Themen oder einzelne Veranstaltungen im Rahmen von Projektgruppen bearbeitet. Alle Mitglieder in den Gremien arbeiten ehrenamtlich. Außerdem arbeitet der Verband mit Kooperationspartnern zusammen, die den Mitgliedern teilweise vergünstigte Konditionen anbieten.

---

[27] freelancer-international.de

Typisierung von Netzwerken: Ein Versuch

Die verschiedenen Netzwerke sind sehr heterogen. Eine grobe Gruppierung kann nach den Kriterien
• regional vs. überregional
und
• branchenspezifisch vs. branchenunabhängig
erfolgen. Der BNI stellt einen Sonderfall dar, da in einem Chapter in jeder Branche maximal 1 Unternehmer vertreten sein darf.

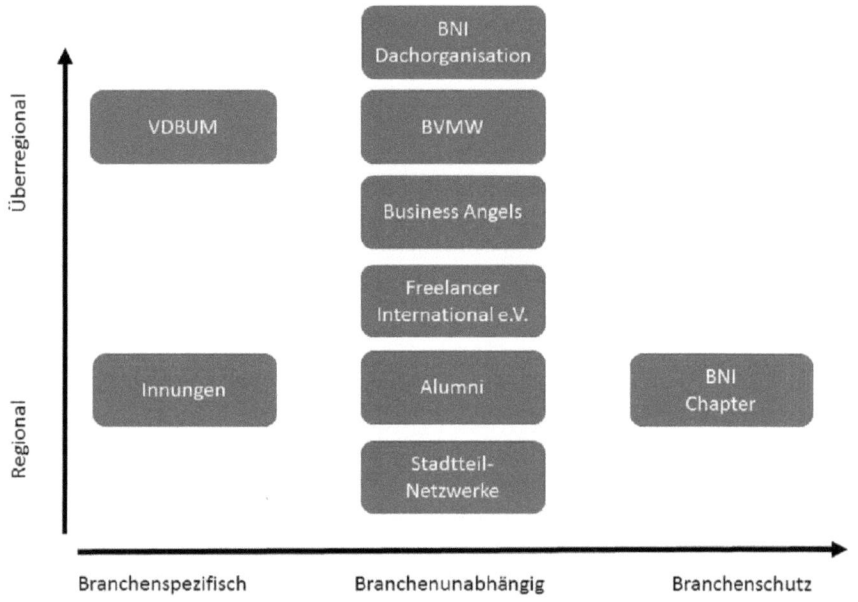

Abbildung 6 Einteilung von Netzwerken

Sie haben kein passendes Netzwerk gefunden? Vielleicht werden Sie hier fündig ...?[28]

---

[28] www.dictyonomie.de/Beste_Netzwerke/netzwerke.html

Über den Autor Dr. Georg Pauthner

Dr. Georg Pauthner ist geboren und aufgewachsen auf einem Bauernhof inmitten von Bayern. Als gelernter Bauer wurde er nach der Ochsentour „Zweiter Bildungsweg" wiedergeboren als promovierter Computerwissenschaftler.

Mehr als zwei Jahrzehnte war Dr. Georg Pauthner verantwortlich tätig in leitenden Management-Funktionen in weltweit agierenden Telekommunikations-Unternehmen.

Kontakt
Dr. Georg Pauthner
georg.pauthner@berlin.de
www.nt-e.com

Seit 2009 ist er selbständiger Unternehmer und Geschäftsführender Gesellschafter von identoloc GmbH, GFSP Verwaltungs-GmbH und GFSP Immobilien GmbH & Co. KG

Seit Mitte der 1970er Jahre ist Georg überzeugter Berliner, glücklich verheiratet und Vater von zwei inzwischen erwachsenen Kindern (Sohn und Tochter), die beide mit beiden Beinen im Leben stehen.

6 Make or Buy: „Wer nicht alles weiß, muss auch nicht alles können"

von Hans-Joachim Möbes

Auf den ersten Blick scheint die Frage „Make or buy" vor allem für große global agierende Unternehmen relevant zu sein. Wie tief soll die Produktion gegliedert sein, von der Rohstoffgewinnung bis zum fertigen Konsum- oder Investitionsgut? Sollen interne Dienstleistungen aufgebaut oder aber – im Gegenteil – durch Outsourcing ausgegliedert werden? So oder ähnlich lauten unternehmensstrategische Fragestellungen, die auch in den Medien hohe Aufmerksamkeit erlangen.

Begleitet werden die entsprechenden Entscheidungen durch ebenfalls global agierende renommierte Beratungsunternehmen, die die Risiken und Chancen alternativer Szenarien und deren Wahrscheinlichkeit auch quantitativ unterlegen sollen.

Für den Gründer eines Ein-Personen Grafikdesign-Büros oder den Handwerksmeister, der ein Drei-Mann-Unternehmen betreibt, werden derartige Fragen eher nicht im Zentrum des Interesses stehen.

Andererseits: Muss nicht ein Maurermeister darüber nachdenken, ob er, um komplette Badsanierungen anzubieten, zusätzlich einen Installateur und einen Fliesenleger einstellt oder lieber in einem freien Netzwerk mit einem Installations- und einem Fliesenlegerbetrieb kooperiert? Ermöglicht nicht gerade die überschaubare Betriebsgröße von Unternehmen in Gründung sowie kleinen und mittelgroßen Unternehmen (KMU) einen besseren Zugriff bei der Analyse von Entscheidungsstrukturen?

Untersuchen wir also anhand der Frage „Make or buy" die Entscheidungsstrukturen und deren Bezug zur Unternehmensentwicklung für Gründer und KMU.

Das Budget oder „der kalte Stern der Knappheit"[29]

Die Betriebswirtschaftslehre behandelt Gründer und KMU seit jeher stiefmütterlich. Das gilt verstärkt für Paradiesvögel wie Freelancer und deren Unternehmensentwicklung. Kurioserweise scheint deshalb für analytische Zwecke der Griff in den Instrumentenkasten der Volkswirtschaftslehre aussichtsreich zu sein.

Der Nationalökonom Erich Schneider hat den Begriff vom „kalten Stern der Knappheit" geprägt, unter dem wir auf der Erde mit unseren prinzipiell unbegrenzten Bedürfnissen und den zu deren Befriedigung stets begrenzten Mitteln leben. Die begrenzte Verfügbarkeit und Vermehrbarkeit von Ressourcen verpassen den Teilnehmern am Wirtschaftsleben stramme Budgetbeschränkungen.

Das zwingt zu „ökonomischem" Verhalten, d.h. zur Entscheidung über die Mittelverwendung innerhalb von Budgetgrenzen unter Berücksichtigung der angestrebten Unternehmensziele.

Schon das „Oder" in der Frage „Make or buy" lässt erahnen, dass den Unternehmer diverse Zwickmühlen, verursacht durch Budgetbeschränkungen, erwarten. Jammern hilft aber nicht, Entscheidungen müssen getroffen werden!

Die drei Budgets des Unternehmers: Leistungsvermögen, Geld und Zeit

Die knappen Faktoren des Unternehmers sind:
* sein persönliches Leistungsvermögen
* seine finanziellen Ressourcen
* die ihm für seine unternehmerischen Zwecke zur Verfügung stehende Zeit.

---

[29] Erich Schneider, Einführung in die Wirtschaftstheorie 1.Teil: Theorie des Wirtschaftskreislaufs, 13.Aufl. Tübingen 1967, S.13

Das persönliche Leistungsvermögen

Hiermit ist die Gesamtheit der Eigenschaften und Fähigkeiten oder, um diesen etwas wabernden Begriff zu verwenden, die Persönlichkeit des Unternehmers bezeichnet. Ohne Anspruch auf Vollständigkeit können darunter die folgenden Potenziale erfasst werden:

- Fachkenntnis und -können
- Markt- und Preisübersicht
- Kenntnis von Partner- und Konkurrenzunternehmen
- Personalführung und Organisation
- Kenntnis einschlägiger Rechtsnormen
- Umgang mit Zahlen und Dimensionen
- Allgemeine Kenntnis von Lebenszusammenhängen
- Allgemeines technisches Verständnis
- Einfühlungsvermögen für Kundenwünsche
- Verhandlungsgeschick
- Sprachvermögen und Allgemeinbildung
- Erinnerungsvermögen
- Auftreten und Erscheinungsbild
- Zielstrebigkeit, Energie, Lebensmut
- Offenheit, Neugier
- Gesundheit, Fitness

Der Begriff des Budgets in diesem Zusammenhang reflektiert die Tatsache, dass der Unternehmer durchaus zu entscheiden hat, welche seiner Potenziale er für besonders geeignet hält, sein Unternehmen voranzubringen. Diese gilt es dann schwerpunktmäßig einzusetzen und weiterzuentwickeln. (Bin ich eher ein genialer Akquisiteur oder der Supermechaniker, dessen hervorragender Ruf stets genug Aufträge garantiert?)

Die Rangfolge, in der der Unternehmer seine Potenziale entwickelt und verausgabt, zeigt indes nicht nur deren Bedeutung für den unmittelbaren Unternehmenserfolg an (Existenzsicherung, Gewinn- bzw. Vermögensmaximierung o.ä.), sondern auch Wille und Vorstellung des Unternehmers bezüglich seiner Lebensgestaltung (Freude an der Arbeit, sinnvolle Verwendung von Lebenszeit, Familienplanung etc.).

Die Möglichkeit des gegenseitigen Abwägens oder Kombinierens persönlicher Neigungen und „ökonomischer" Erfordernisse macht insoweit nicht nur die Qual der Wahl sondern auch den wesentlichen Reiz von KMU aus und beflügelt den Gründer.

Das Finanzbudget oder „ohne Moos nichts los"

Hier sollte nun wirklich jeder wissen, worum es geht! Dass Geld knapp ist oder jederzeit werden kann, gehört zum Basiswissen jedes Unternehmers. Umso wichtiger ist ein Businessplan, der die Unternehmensziele quantifiziert und den Einsatz der finanziellen Mittel im Hinblick auf diese Ziele steuert. Also: Wo kommt die Kohle her und was soll damit gemacht werden?

Mittelherkunft:
- Betriebsergebnis laut Gewinn- und Verlustrechnung
- Vorhandene Eigenmittel
- Kredite
- Zuschüsse

Mittelverwendung:
Unternehmensentwicklung in folgenden Bereichen (beispielhaft):
- Personal
- Geschäftsräume
- Technik, Maschinen
- Produktentwicklung, Innovationen
- Marketing
- Darlehenstilgung
- Steuern
- Entnahmen/Ausschüttungen

Das Zeitbudget

Jede Zeiteinheit kann (von einer Person) nur einmal verwendet werden. Das ist bitter!

Zeit ist der knappe Faktor schlechthin. Man kann Geld und Güter – wenn auch nicht beliebig – vermehren, nicht so die Zeit.

Dem äußeren Anschein nach ist es dabei die Zeit, die vergeht, die uns „wegläuft"!

Gleichzeitig erhöhen wir aber mit jeder Entscheidung über die Verwendung eines Zeitpartikels die ohnehin bestehende Knappheit: Mit der Entscheidung, jetzt an diesem Beitrag zu schreiben, schränke ich die Möglichkeit für einen ausgiebigen Frühlingsspaziergang mit jeder Minute weiter ein. Aus diesem Blickwinkel läuft nicht die Zeit mir weg, sondern ich laufe der Zeit (für den Frühlingsspaziergang) weg.

Die Vielfalt der Aufgaben des Unternehmers, die – wiederum ohne Anspruch auf Vollständigkeit – in der folgenden Übersicht dargestellt ist, lässt erahnen, dass die Gelegenheiten, „der Zeit wegzulaufen" nur allzu zahlreich sind. Harte Entscheidungen stehen an!

Hier die Liste der Zeitfresser:
* Kundenkontakte, Auftragsbearbeitung
* Personaleinweisung, -überwachung, Betriebsorganisation
* Auftragssachbearbeitung (Einkauf, Angebote, Rechnungen)
* Vertretung bei Personalausfällen, Feuerwehrfunktion
* Spezialaufträge und -kunden
* Buchhaltung inkl. Zahlungsverkehr und Mahnwesen
* Betriebsdatenauswertung und Controlling
* Allgemeine Bürotätigkeiten (Telefon, Schriftverkehr, Statistiken, Behördenkontakte, etc.)
* Fortbildung, Fachmessen
* Marketing
* Online-Aktivitäten
* Kontakte mit Beratern (Rechtsanwälte, Steuerberater, Versicherungsmakler, sonstige Dienstleister)
* Mitarbeit in Standesorganisationen o.ä.
* Mitarbeit in Netzwerken
* Urlaub und sonstige Regenerationszeiten

Wie bei der Betrachtung der Budgetrestriktion „persönliches Leistungsvermögen" sei auch hier nochmals auf den Charme unternehmerischer Tätigkeit verwiesen. Denn vor gewissen Verwendungen von Zeit wegzulaufen, bedeutet gleichzeitig, sich anderen zuwenden zu können. Dies werden diejenigen sein, die man am besten beherrscht, die den größten wirtschaftlichen Erfolg versprechen, die am meisten Vergnügen bereiten etc.

Die aufmerksame Betrachtung des Zeitbudgets ist deshalb kein Grund für Melancholie oder Verzweiflung, sondern einerseits Ansporn, positive Energien zu nutzen, aber andererseits auch Anlass, Vorsorge dafür zu treffen, dass einen die Aktivitäten, vor denen man weggelaufen ist, nicht wieder einholen, wie z.B. die inständige Bitte des Finanzamts, doch bei Gelegenheit eine Umsatzsteuervoranmeldung abzugeben.

Und jedem Anfang wohnt ein Zauber inne ... (H. Hesse)

Bevor auf die Make-or-buy-Problematik bereits bestehender Unternehmen, deren Existenz halbwegs gesichert ist, eingegangen wird, ist es angebracht, einige Überlegungen zum Sonderfall der Unternehmensgründung anzustellen.

Die Modelle „Ochsentour" und „Fliegender Start" markieren dabei Extrempositionen, die den Blick für die Problematik schärfen sollen.

Der Unternehmer als Heimwerker oder „Die Ochsentour"
Mit dem Begriff „Ochsentour" wird die anstrengende und häufig entbehrungsreiche Form der Unternehmungsgründung aus dem Nullpunkt heraus bezeichnet. Nullpunkt markiert dabei eine Situation extremen Kapitalmangels, also eines sehr engen Finanzbudgets, sodass fast der gesamte Gründungsprozess den Charakter von Notbehelfsmaßnahmen trägt.

Konsequenter Weise ist hier fast nur „make" angesagt, während „buy" nur in Form spärlicher Rudimente zu beobachten ist.

Häufige Merkmale dieses Gründungsmodells sind:
• Gründung aus einem Anstellungsverhältnis heraus, u.U. mit Übernahme einiger Kunden des ehemaligen Arbeitgebers
• Teilzeitselbständigkeit
• Tätigkeit als Subunternehmer nur weniger Auftraggeber
• kleine Geschäftsräume oder Heimarbeit
• Bürogemeinschaften
• stark ausgedehnte persönliche Arbeitszeit
• Hilfe durch Freunde und Verwandte
• Beratung nur, soweit der Berater sein Honorar aus öffentlichen Fördermaßnahmen mitbringt
• geringe Marketingaktivitäten

Getragen wird das Modell „Ochsentour" vom persönlichen Leistungspotenzial des Gründers und erfolgreicher Mund-zu-Mund-Propaganda der Kunden.

„Ach was, ich kauf' den Laden" oder „Der fliegende Start"
Das Gegenmodell der „Ochsentour" ist der Start in das Unternehmerdasein durch Kauf eines bestehenden Unternehmens, z.B. anlässlich der Betriebsaufgabe eines Handwerksmeisters, der in den Ruhestand geht.

Hier ist also genug Eigen- und/oder Fremdkapital vorhanden, sodass zunächst nur die Abteilung „buy" zum Zuge kommt. Ist die „Klitsche" mal gekauft, gibt es immer noch reichlich Gelegenheit für die Abteilung „make".

Vorteile bzw. Chancen dieser Form der Gründung sind:
Eingeführt und bewährt haben sich:
• Produkte/Dienste
• Standort
• Personal/Organisation
• Vertriebswege/Kundenkontakte
Zahlenwerk aus laufendem Rechnungswesen erleichtert die Einschätzung der Erfolgsaussichten (gilt auch für Kreditgeber und mögliche Partner).
Nachteile bzw. Risiken können sein:
• zu hoher Kaufpreis (häufigstes Problem!); damit verbunden: die Gefahr der Kapitalauszehrung und das Zurückgeworfenwerden auf das Modell „Ochsentour"
• veraltete Technik
• wenig motiviertes Personal
• Geschäftsräume renovierungsbedürftig
• Standort entwickelt sich zum sozialen Brennpunkt
• schwache Kundenbindung

Und wie geht's jetzt weiter?

Ist das Unternehmen auf den Weg gebracht, geht die Geschichte von „Make or buy" richtig los. Doch halt, nicht unerwähnt bleiben soll noch der folgende Fall.

Dem Genügsamen raucht sein Herd ... („Abendphantasie" von F. Hölderlin)
Die Idylle eines funktionierenden überschaubaren Unternehmens, in dem ein fähiger Unternehmer ein mildes und gerechtes Regiment führt und mit durch aufmerksame Beobachtung gewonnenen Erfahrungen eigene Aktivität und hinzugekaufte Leistungen in einem ausgewogenen Verhältnis kombiniert, ist nicht so weit von der Wirklichkeit kleiner und mittlerer Unternehmen entfernt, wie es zu nächst den Anschein haben könnte.

Die allgemeine Hochachtung vor der Funktionsfähigkeit der KMU beruht nicht zuletzt darauf, dass sie in hoher Anzahl von Unternehmern geführt werden, die ihre Probleme eher lösen als reflektieren. Berater und andere Dienstleister haben es schwer bei diesen Unternehmen.

Gewiss lauern auch hier Gefahren, aber sie lauern eben nur. Mit einem letzten träumerischen Blick verlassen wir die Idylle und nähern uns Fällen, in denen die Frage „Make or buy" besser zu studieren ist.

Nur wer bereit zu Aufbruch ist und Reise ... („Stufen" von H. Hesse)
Ehrgeiz, Leidensdruck oder etwa der Wunsch, endlich auch Urlaub machen zu können, mögen Motive für den Unternehmer sein, seine Situation verändern zu wollen. In jedem Fall aber muss der Unternehmer beachten, in welcher Relation der Wunsch nach Veränderung zu seinen Budgetbeschränkungen steht.

Als härteste der Beschränkungen hat sich die Zeit erwiesen. Es lohnt sich also, das Zeitbudget des Unternehmers nochmals genauer zu analysieren.

Basis für die folgenden Betrachtungen ist ein kleiner Handwerksbetrieb mit einem Meister (Eigentümer/Unternehmer), einem Gesellen und einem Auszubildenden. Gegenübergestellt werden im Folgenden die verfügbare Arbeitszeit des Unternehmers und der Bedarf an Arbeitszeit für Zwecke, die in der Sphäre des Unternehmers angesiedelt sind.

Verfügbare Unternehmerarbeitszeit: 275 Tage a 10 Stunden = 2750 Stunden/Jahr
Verwendung (Std./Jahr):

an 250 Tagen	4 Stunden	Kundenkontakte	1000 Std.
250 Tagen	2 Stunden	Personaleinweisung	500 Std.
250 Tagen	2 Stunden	Auftragssachbearbeitung	500 Std.
50 Tagen	8 Stunden	Spezialaufträge, Vertretung	400 Std.
Kernzeit insgesamt			2400 Std.
Restzeit			350 Std.

Bedarf für administrative Aufgaben (Std./Jahr):

Betriebsdatenauswertung, Controlling	50 Std.
Buchhaltung inkl. Zahlungsverkehr und Mahnwesen	480 Std.
Allgemeine Bürotätigkeiten (Telefon, Schriftverkehr, etc.)	150 Std.
Marketing und Online-Aktivitäten	160 Std.
Kontakte mit Steuerberater, Rechtsanwalt, etc.	20 Std.
Fortbildung, Fachmessen	30 Std.
Mitarbeit in Standesorganisationen, Verbänden	30 Std.
Mitarbeit in Netzwerken	50 Std.
Sonstiger Zeitbedarf insgesamt	970 Std.
Rest für Urlaub und sonstige Regenerationszeiten	-620 Std.

Es sei an dieser Stelle darauf hingewiesen, dass sich der Verfasser viele Jahre lang intensiv mit dem Aufbau, der Organisation und dem Controlling von Handwerksbetrieben beschäftigt hat. Die oben aufgeführte Übersicht ist folglich nicht aus der Luft gegriffen, sondern durchaus realistisch.

Dass unter diesen Aussichten Leidensdruck und der Wunsch zur Veränderung entstehen, bedarf keiner weiteren Begründung. Was ist zu tun?

Make or buy: Lästige Pflichten

Rechnungswesen, Büro

Der Umfang administrativer Tätigkeiten ist, wie wir gesehen haben, derart groß, dass permanent das Risiko besteht, die Kernarbeitszeit zu beeinträchtigen. Allein schon wenn der Unternehmer größere Teile des Rechnungswesens und des Zahlungsverkehrs selbst abwickelt, greift er zwangsläufig auf Zeitreserven zu, die eigentlich dem Kerngeschäft zu widmen wären.

In kleinen Unternehmen wird daraus oft die entgegengesetzte Konsequenz gezogen, administrative Aufgaben schleifen zu lassen. Das geht gar nicht!
Wie schon gezeigt, holen einen diese Aufgaben in der Regel wieder ein. Lästige Pflichten sind zwar lästig, aber eben auch Pflichten; und wer nie Mahnungen schreibt, muss sich nicht wundern, wenn er illiquide wird.

Es geht nicht anders: Die Zeitfresser müssen weg, aber erledigt werden.
Hier einige mögliche Strategien:
• Teilzeitkraft oder Minijobber für Büroarbeit einstellen
• Virtuelle Assistenten im Internet nutzen
• Bürogemeinschaft mit anderen kleinen Unternehmen bilden
• Buchhaltungs-/Lohnbüro beauftragen

In jedem Fall vermeiden:
• Nie die Grenze der eigenen Unfähigkeit austesten, also notwendige Aufgaben teilweise erledigen, teilweise laien- und fehlerhaft zurechtwursteln und teilweise liegen lassen und das so lange, bis das Finanzamt, andere Behörden, die Bank und andere Gläubiger einen in die Mangel nehmen. Dann müssen Berater eingeschaltet werden und das kann so teuer werden, dass das Unternehmen daran scheitert.

Deshalb:
• Planung und Organisation dieser Aufgaben in einem sehr frühen Stadium der Unternehmensentwicklung, am besten von Anfang an.

Der Unternehmer als staatliches Aufsichtsorgan

Es muss erwähnt werden, dass bei den administrativen Aufgaben zunehmend Tätigkeiten anfallen, bei denen der Unternehmer gewissermaßen als Hilfssheriff fungiert.

Am Beispiel einiger derartiger Pflichten, die für jedes noch so kleine Bauhandwerksunternehmen gelten, kann gezeigt werden, dass hier ein Zeitbedarf wächst, der nichts mit dem Kerngeschäft des Unternehmens zu tun hat.

Die Rechtslage gestattet Finanzämtern, Sozialversicherungsträgern, Berufsgenossenschaften und anderen Sozialkassen im Fall von Beitragsrückständen grundsätzlich den Durchgriff auf Auftraggeber des säumigen Zahlers. Dieser Durchgriff kann nur abgewehrt werden, wenn sich der Auftraggeber vom Auftragnehmer nachweisen lässt, dass dieser seinen Zahlungspflichten nachgekommen ist. Den Nachweis leisten jeweils aktuelle Unbedenklichkeitsbescheinigungen. Hinzu kommen weitere Nachweise wie z.B. über die Einhaltung des Mindestlohn- und des Entsendegesetzes. Diese Nachweise können zu jedem beliebigen Zeitpunkt von jedem Auftraggeber neu gefordert werden. Das veranlassen öffentliche Auftraggeber selbst dann, wenn sich ein Unternehmen einem Präqualifizierungsverfahren unterworfen hat oder in ein Lieferantenverzeichnis einer Gebietskörperschaft eingetragen ist.

Die Baubehörden in Berlin beklagen deshalb seit einiger Zeit den Zustand, dass sich zu wenige ortsansässige kleine Bau- und Handwerksunternehmen um öffentliche Aufträge bewerben. Offensichtlich hat der Horror vor lästigen Pflichten, die nicht vom Unternehmen abgewälzt werden können, zumindest teilweise zum Verzicht auf ein Marktsegment geführt.

Make or buy: Die Kür

Ein bisschen Glamour muss sein

Das Kerngeschäft brummt, die lästigen Pflichten sind erledigt, was bleibt zu tun? Sieht man sich das Zeitbudget näher an, bleiben vor allem Aktivitäten, die man als weiche Erfolgsfaktoren bezeichnen kann: Marketing, Erscheinungsbild, Online-Präsenz, Kontaktpflege mit Kollegen, Beratern, Dienstleistern, Netzwerktätigkeit, Fortbildung.

Geht man davon aus, dass Kontaktpflege, Netzwerktätigkeit und Fortbildung in KMU im Allgemeinen an die Person des Unternehmers geknüpft sind, sind auch die Abendstunden und einige Wochenenden des Unternehmers gut gefüllt.
Bleiben also die Aktivitäten, die den Außenauftritt des Unternehmens betreffen.
Viele Jungunternehmer tendieren dazu, diesen Bereich als „Sparbüchse" anzusehen und die Arbeit daran in die eigenen Nachtstunden zu verlegen.
Das mag in der Gründungsphase des Unternehmens angebracht sein, wenngleich auch hier der Blick in die Fördertöpfe durchaus lohnend erscheint.
Ist das Unternehmen mal ins Rollen gekommen, hat der Unternehmer in seinem Kerngeschäft allemal lukrativere Beschäftigungsmöglichkeiten, als sich zum Fotografen, Grafiker oder Suchmaschinen-Doktor zu entwickeln.
Das Signal steht hier eindeutig auf „buy". Frühzeitige Kontaktpflege mit entsprechenden Dienstleistern sollte Kenntnisse darüber vermitteln, wo die Schwerpunkte verschiedener Berufsgruppen liegen, was von ihnen zu erwarten ist und welchen Partnern man sein Vertrauen schenken will.

Für die Unternehmer, die andererseits gerade in diesen Geschäftsfeldern angesiedelt sind, gilt, dass z.B. für den Werbegrafiker sein Erscheinungsbild, für den Suchmaschinen-Doktor die Auffindbarkeit seiner Website die beste Reklame sein sollte.

Komm" auf die Schaukel, Luise! („Liliom" von F. Molnar)
Hinter dieser launigen Einladung steht die Behandlung der folgenden Aspekte des Problems „Make or buy":

Was kümmert mich mein dummes Gerede von gestern?
Make-or-buy-Entscheidungen gelten nicht für die Ewigkeit. War es gestern noch sinnvoll, allgemeine Bürotätigkeiten einem virtuellen Assistenten im Internet zu übertragen, ist es bei wachsendem Geschäftsumfang eines Tages unumgänglich, einen eigenen Verwaltungsbereich aufzubauen. Bei umgekehrter Entwicklung ist genau der entgegengesetzte Weg richtig.
Gerade in kleineren Unternehmen spielt der Zufall in diesem Zusammenhang eine große Rolle.
Um das in der Einleitung erwähnte Beispiel aufzugreifen: Wenn ein Maurermeister einen genialen Fliesenleger einstellt, der Freude daran hat, in einem anderen Gewerk, aber dafür mit mehr Verantwortung und Gelegenheit zu selbständigem Arbeiten tätig zu sein, hat er womöglich das „große Los" gezogen, kann seinen Geschäfts- und Kundenbereich erweitern und viele Jahre von seiner guten Entschei-

dung profitieren. Ob diese Situation reproduzierbar ist, ob er also nach der Verren-
tung seines Fliesenlegers wieder ein ähnliches Angebot auf dem Arbeitsmarkt vor-
findet, steht in den Sternen.
Bei großen Unternehmen erregt das ständige Arbeiten an der Struktur des Unternehmens hohe mediale Aufmerksamkeit.
Das In- oder Outsourcing ganzer Unternehmensbereiche, das Hin- und Herschieben
von Unternehmen auf dem Globus oder innerhalb einer Konzernstruktur und, damit verbunden, Ruhm und Elend von Managern zeigen, dass diese Entscheidungen
ständig neu zur Disposition stehen.

Wer schaukelt mit mir?
Wenn die Budgetbeschränkungen des Unternehmens einer Erweiterung der Aktivitäten enge Grenzen setzen (das Signal für „make" steht auf „Stopp"), der Markt
aber ein komplexeres oder voluminöseres Angebot erwartet, bieten sich folgende
Möglichkeiten an, mit Partnern schwerere Gewichte zu stemmen:
1. Partner als Subunternehmer
2. Zusammenarbeit in einer ARGE (häufig im Baubereich)
3. Unternehmenskooperative: Mehrere Unternehmen gründen als Gesellschafter
   für bestimmte Zwecke ein neues Unternehmen, das eigenständig am Markt
   auftreten kann
4. Freie Netzwerke: Je nach Aufgabenstellung finden sich Partner zusammen, die
   sich im Laufe der Zeit immer besser kennen lernen.

Wozu das Ganze?

Als ob es nicht genug Ratgeber gäbe: „... denn viel Büchermachens ist kein Ende
und viel Studieren macht den Leib müde!" (Prediger Salomo Kapitel 12 Vers 12)
Was soll also dieser?
1. Jeder Unternehmer sollte in der Lage sein, denjenigen Winkel seines Entschei-
   dungsraumes, der durch die Potenziale Leistungsvermögen, Geld und Zeit auf-
   gespannt wird, selbständig auszuleuchten. Die Betrachtung dieser elementaren
   und eigentlich banalen Zusammenhänge wird jedoch im Allgemeinen nur in Situationen mit einem gewissen Leidensdruck (Gründung, Wachstumsschübe,
   Krisen) intensiver und dann unter Zeitdruck betrieben und häufig genug teuer
   bezahlt. Die sogenannte Bestandsaufnahme, die am Beginn eines jeden Bera-
   tungsprozesses steht, wird umso langwieriger, teurer und schlimmstenfalls un-
   zutreffender, je weniger der Unternehmer selbst zur Analyse seiner Situation
   beitragen kann.

2. Der Unternehmer muss lernen, sich als „homo oeconomicus" zu verhalten: Er muss Ziele definieren (quantitativ!), die dafür notwendigen Aktivitäten ermitteln und dabei seine Budgetbeschränkungen beachten. Die Erzielung eines finanziellen Überschusses, der ihm einen zumindest leidlichen Lebensunterhalt gewährt und Platz für Zukunftspläne lässt, ist für die dauerhafte Existenz eines Unternehmens unter Marktbedingungen unumgänglich.

3. Schließlich wird dem genauen Leser nicht entgangen sein, dass durch Delegation oder Ausgliederung von Tätigkeiten der „Horror-Rechnung" auf Seite 73 einiges an Schrecken genommen werden kann. Der „Sonstige Zeitbedarf" kann durch zielstrebige Umleitung in die Abteilung „buy" von rd. 970 auf ca. 170 bis 200 Stunden gesenkt werden. Der erste Urlaub ist in Sicht!

Über den Autor Hans-Joachim Möbes

Im Sonnenjahrgang 1945 geborener und gelernter West-Berliner. Aufgewachsen gegenüber dem Flughafen Tempelhof.

Studium der Volkswirtschaftslehre an der FU (1965 - 1970), Abschluss mit Diplom. Danach als Assistent in Forschung und Lehre weiter der FU treu.

Kontakt
Hans-Joachim Möbes
hans-moebes@moebes-berlin.de
moebes@plickert.de

KMU-Erfahrung als Kaufmännischer Leiter und Prokurist, dann als Geschäftsführender Gesellschafter eines größeren Handwerks-betriebes.

Ehrenamtlicher Richter am Arbeits-gericht, Mentor/Coach und Vereinsvorstand.

7 Reputation, Marketing und Netz-Werken im Netz

von Anita Meier

Neue Medien, die Sie und Ihr Unternehmen weiterbringen.

Eine Gebrauchsanweisung – Stand Sommer 2015 – alles ist im Fluss

**Das Netz / das Internet bietet seit einigen Jahren auch außerhalb der Unternehmenswebsite verschiedene, spannende Möglichkeiten für Kommunikation und Präsentation.
Ich spreche hier von Facebook & Co. für Unternehmen. (d. h. nicht in der privaten Nutzung mit Familie und Freunden)
Wenn Sie gründen, beziehen Sie gleich zu Beginn sinnvolle Social-Media-Kanäle mit ein, die Sie auf Ihrer Website verlinken. So ermöglichen Sie interessierten Besuchern, mit Ihnen in Kontakt zu bleiben.
Denn es ist nicht mehr die Frage, ob Sie sich in Sozialen Netzwerken engagieren sollen, sondern – wohl überlegt – wie und in welchen. (Aktuell gibt es etwa 260 verschiedene Social-Media-Kanäle[30])
Recherchieren Sie als erstes bei Mitbewerbern oder angrenzenden Bereichen.
Folgen Sie ein paar kompetenten Social-Media-Größen, die Sie mit allen wichtigen Neuigkeiten auf dem Laufenden halten.
Eine professionelle Beratung kann Sie bei Wahl und Nutzung der Kanäle unterstützen.**

Netzwerken auf XING und LinkedIn, in Communities der Kanäle

Beginnen Sie mit einem Profil auf XING und/oder LinkedIn.
Denken Sie an ein freundliches, professionelles Portraitfoto!
Ihr Werdegang und Ihre Qualifikationen schaffen Transparenz und Vertrauen bei Geschäftspartnerinnen und -partnern.

---

[30]ethority.de/social-media-prisma

Wenn Sie Ihr Profil in den Privatsphäre-Einstellungen für in Suchmaschinen auffindbar einstellen, erreichen Sie dort sofort für Ihre Person ein gutes Ranking.
Prüfen und nutzen Sie später die Möglichkeiten von Interessen-Communities, die fast jeder Kanal bereithält.
So netzwerken Sie über Ländergrenzen hinweg. Sie können Trends erkennen, eigene Erfahrungen weitergeben, sich einen guten Ruf erwerben.

Ihre Online-Reputation ist kein Selfie

Der Austausch von Wissen steht am Anfang
Damals, als wir am Feuer saßen, vorgestern oder vor 50.000 Jahren ... ganz nah an der wärmenden Glut in langen Winternächten oder draußen im flackernden Licht an lauen Abenden.

Worum ging es? Woran erinnern wir uns? Wer hat uns beeindruckt?
• da war der mit den guten Tipps für Beerenplätze
• da war die mit der lustigen Geschichte von der Tier-Begegnung, die allen trotz des Gelächters eine Warnung war
• die sich ums Feuer kümmerte, damit es nicht ausging
• der seine Erfindung präsentierte

Die Bedürfnisse / der Hunger der Menschen nach Geschichten, danach, weiter zu kommen durch Wissen, Informationen und Erfahrungen anderer, haben sich nicht verändert. Ebenso wenig diese nach Wertschätzung, Ansehen, sozialem Aufstieg.
Nur die Möglichkeiten, dies zu tun.

Abbildung 7 Storytelling am Lagerfeuer © satware AG (Fotolia.com)

Positionieren Sie sich und nutzen Sie diese beiden Grundbedürfnisse (nach Wissen und Ansehen) für Ihre Online-Reputation.

Bauen Sie Vertrauen auf durch Konstanz und Kompetenz. Es geht zwar um Sie, aber im Blick haben Sie immer die andern. Denn die Online-Reputation ist kein Selfie. Und „Märkte sind Gespräche"[31]

Die Recherche und das Konzept
- Wer sitzt an meinem Feuer? (Zielgruppenrecherche)
- Welche Geschichten will ich ihnen erzählen? (Themenrecherche/Stärkenanalyse)
- Wer erzählt bereits solche Geschichten? (Mitbewerberrecherche)
- Wie verpacke ich es, damit sie zuhören und es weitererzählen? (Storytelling)
- Wie kann ich es mit meinem Namen verbinden? (Reputationsmanagement)
- Wie kann ich sie an meinem Feuer halten? (Community-Aufbau)
- Welche Mittel, welche Feuerplätze passen dazu? (Wahl der Plattformen)

(Unterstützung für inhaltliche Konzepte finden Sie bei Thomas Scharfstädt, Abschnitt 4, Seite 45)

Ein positives Image im Netz gestalten
Online-Reputation ist alles das, was über Ihre Person, über Ihre Firma, Ihre Marke sichtbar im Internet veröffentlicht ist und mit welcher Wertung das geschieht. Verfasst von Ihnen selbst oder auch von anderen Personen.
In den für Ihr Unternehmen meinungsführenden Portalen, in Foren, Blogs und Social-Media-Netzwerken kann bereits ein für Sie wichtiger, reger Erfahrungsaustausch der Nutzerinnen und Nutzer stattfinden.

Googeln Sie regelmäßig nach sich selbst und nach dem Namen Ihres Unternehmens. Oder abonnieren Sie Dienste wie GoogleAlerts, die das für Sie tun.

In Ihrem eigenen Haus – in Ihrer eigenen Höhle – nehmen Sie Einfluss auf die Sichtbarkeit und das Ansehen Ihrer Person und Ihres Unternehmens über eine professionelle Website.

Viele Beraterinnen und Berater beispielsweise betreiben daneben einen Blog und geben die Beiträge auf Twitter kund.

---

[31] www.cluetrain.com/auf-deutsch.html

In einigen Branchen, wie z. B. im Hotelgewerbe, der Gastronomie oder im medizinischen Bereich sind der Eintrag und die Pflege von Profilen in Bewertungsportalen von Vorteil.
Dienstleisterinnen und Dienstleister präsentieren und kommunizieren auf Social-Media-Kanälen wie Facebook und Google+.

Eine in jeder Hinsicht gute Online-Reputation kann positive Kundenentscheidungen hervorbringen. Wie aber können Sie Ihre Online-Reputation selbst beeinflussen und kontrollieren?

Die Wahl der Kanäle/Plattformen

Die Website
Die Website ist die Feuerstelle Ihrer eigenen Höhle.
Wenn sie noch frei ist, sichern Sie die Domain mit Ihrem Namen, selbst wenn Sie diese nur als Weiterleitung nutzen.
Installieren Sie eine Unterseite darin mit Ihrem vollen Namen in der URL.
Also statt   www.musterfrau-consulting.de/ueber-mich.html
besser   www.musterfrau-consulting.de/mia-musterfrau.html

Und schreiben Sie darin in der 3. Person von sich selbst.

Betreiben Sie aktives SEO (Search Engine Optimization) auf Ihren Namen. (SEO-Unterstützung finden Sie bei Andreas Kaufmann, Seite 88)

Der Blog
Der Blog ist Ihr Feuer neben andern Feuern auf dem Dorfplatz.
Ein Blog ist die Königsdisziplin. Er hat viele Vorteile für hohe Ansprüche.
Die Rechte an den Inhalten Ihrer Geschichten bleiben bei Ihnen.
Ihre Beiträge können abonniert werden und Sie haben damit ein sicheres Publikum.

Schreiben Sie nicht nur in Ihrem Blog-Kämmerchen für Ihre Zuhörerinnen und Zuhörer/Leserinnen und Leser.
Gehen Sie raus. Nehmen Sie z. B. an Blogparaden teil.
Kommentieren Sie kompetent und engagiert in themenrelevanten Blogs, natürlich immer mit Ihrem realen Namen. Vergrößern Sie Ihr Publikum.[32]

---

[32] karrierebibel.de/blogparade-uber-blogparaden-tipps-und-erfahrungen-gesucht

Die Bewertungsportale

Freuen Sie sich über gute Bewertungen am Schwarzen Online-Brett.
Gestalten Sie Ihre Einträge in die branchenrelevanten Bewertungsportale professionell und einladend, sowohl mit Bildern als auch mit Texten.
Sprechen Sie im passenden Augenblick Ihre Lieblingskunden am Feuer an. Lassen Sie sich gezielt bewerten.
Und zitieren Sie diese Fanpost in Ihrer eigenen Website. Damit machen Sie sich von Bewertungsportalen ein Stück unabhängig.

Social-Media-Kanäle

Was immer Ihr Geschäft ist, Ihr Ziel, Ihr Stil, Ihre Fähigkeiten, Ihre Ressourcen – entscheiden Sie sich für einen oder für mehrere Kanäle.
- Auf XING und LinkedIn sammeln Sie Ihre Kooperationspartner um sich und machen sich interessant für gemeinsame Projekte. Hier veröffentlichen Sie Ihre Veranstaltungen und laden dazu ein. (siehe oben)

Facebook und Google+ – erstellen Sie Unternehmensseiten!
- Auf Facebook brummt mehr als nur der Bär ...
  Mit einem reinen Personen-Profil dürfen Sie laut Facebook-AGBs nicht kommerziell arbeiten. Sie haben keine Werbemöglichkeit und man muss Ihnen eine Freundschaftsanfrage senden. Erstellen Sie darum aus dem Personen-Profil heraus zusätzlich eine professionell gestaltete Unternehmensseite.
  Wenn Sie ein Einzelunternehmen sind, beispielsweise „Mia Musterfrau privat" für Ihr Profil und „Mia Musterfrau Consulting" für Ihre Seite.
  Unabhängig davon, ob Sie Ihr privates Profil nutzen oder nicht, konzentrieren Sie sich für Ihr Unternehmen auf Ihre Unternehmensseite.

- Dasselbe gilt für Google+.
  Dort verzichten Sie im Großen und Ganzen auf das Brummen des Bären, Sie genießen den Luxus von verschiedenen Google-Anbindungen, lokal auffindbaren Internet- Einträgen, Communities, Live Stream Hang Outs etc.
  YouTube ist ein Bestandteil von Google+. Wenn es passt und wenn Sie es mögen: Sie kommen mit Video-Ratschlägen und Geschichten, Live-Auftritten und Zaubertricks dem Feuer schon sehr nahe ... und im Google-Ranking weit nach vorne.

Twitter – Abonnieren Sie die News und teilen Sie Ihr eigenes Wissen!
Auf Twitter kommunizieren Sie in Echtzeit von Höhle zu Höhle. (Manchmal auch
von Hölle zu Hölle). Klein mit maximal 140 Zeichen und blitzschnell verweisen Sie
auf Ihren aktuellen Funkenregen vor dem Eingang.
Folgen Sie hier den wichtigsten Influencern in Ihrem Bereich und Sie sind immer
gut informiert. Versuchen Sie selbst zum Influencer zu werden, weisen Sie auf Veröffentlichungen, auf Ihre Veranstaltungen, Blog-Beiträge hin.
Twittern Sie, was immer in Ihr Gebiet gehört, authentisch, persönlich, transparent.
Und verwechseln Sie es nicht mit privat.

Bildlastige Kanäle
Alle Social-Media-Kanäle mögen visuelles Material.
Sie betreiben ein ausgesprochen „bildlastiges" Geschäft? Sie sind im Besitz von
erstklassigem Bildmaterial? Schauen Sie sich Pinterest und Instagram an.
Teilen Sie Fotos von Veranstaltungen, neuen Produkten, Ihrer Stadt, ...
Vielleicht passt aber auch ein ganz anderer Kanal besser zu Ihnen – siehe oben
„Social-Media-Prisma". (Fußnote [30])

Vernetzung und Workflow

Vernetzen mit Icons, Share-Buttons, Hashtags
Was immer Sie an Nebenschauplätzen erzählen, vergessen Sie Ihre Haupt-Feuer-
stelle nicht! Verweisen Sie in jedem Social-Media-Post auf die entsprechenden Sei-
ten Ihrer Website. Mit einem direkten Link.
Und setzen Sie in Ihre Posts die pfiffigen und nicht mehr wegzudenkenden #Hash-
tags mit Ihren Keywords und gegebenenfalls mit aktuellen Themen/Begriffen, die
gerade im Gespräch sind.
Legen Sie einen Hashtag für eine wichtige, eigene Veranstaltung fest.
Mit diesem Doppelkreuz # werden Themen „verschlagwortet". So können Nutzerinnen und Nutzer plattformübergreifend sowohl dazu kommunizieren als auch danach suchen.[33]
Und umgekehrt – an Ihrem Hauptfeuer muss man von Ihren Nebenfeuern wissen!
• Verlinken Sie die Icons der Kanäle auf jeder Seite Ihrer Website.

---

[33] de.wikipedia.org/wiki/Hashtag

Abbildung 8 Icons mit Verlinkung auf verschiedene Social Media Kanäle

- Denken Sie auch an rechtssichere Share-Buttons gerade bei Blog-Artikeln. Damit vereinfachen Sie das Teilen und virale Verbreiten Ihrer Beiträge. Lesen Sie zum Thema Vernetzung bei Annette Schwindt[34]

Regelmäßiges (Über)Prüfen von Ziel, Konzept, Erfolg, Sicherheit
Formulieren Sie Ihr Ziel und überprüfen Sie es regelmäßig.
Dazu gibt es unzählige Monitoringtools. Es können jedoch auch Followerzahlen, SEO-Rankings, Bewertungen oder Anfragen sein.
Vergessen Sie nicht, sich mit den rechtlichen Vorgaben und (regelmäßigen) Änderungen von Privatsphäreneinstellungen, Impressumspflichtbestimmungen, Bildnutzungsrechten etc. zu beschäftigen. (Folgen Sie beispielsweise Rechtsanwalt Schwenke zu Social-Media-Recht)[35]

Bleiben Sie dran!
- Bleiben Sie konstant und hartnäckig. Schreiben und posten Sie in Ihrem Rhythmus und in den von Ihnen gewählten Plattformen.
- Schreiben Sie authentisch. Es wird nichts anderes von Ihnen erwartet.
- Lassen Sie sich durch kritische Kommentare nicht aus der Ruhe bringen.
- Löschen Sie keine kritischen Kommentare. Außer es handelt sich um negative oder um Werbeinhalte, die mit Ihrem Geschäft nichts zu tun haben.
- Behalten Sie Kontrolle und Übersicht über Kommentare und Bewertungen.
- Werden Sie Sachverständiger in Ihrem Gebiet.
- Heißen Sie neue Gäste an Ihrem Feuer willkommen.
- Versuchen Sie, niemals zu langweilen.
- Teilen Sie Ihr Wissen und hüten Sie Ihr Feuer.

Du kannst (fast) alles verschenken, was Du weißt –
wenn Du das verkaufst, was Du kannst!"[36]

---

[34] www.schwindt-pr.com/download
[35] Thomas Schwenke, Social Marketing & Recht, O'Reilly Verlag 2014
[36] Dr. Kerstin Hoffmann. Aus „Prinzip kostenlos" – im Interview mit Prof. Gunter Dueck
    www.kerstin-hoffmann.de/pr-doktor/2012/06/05/wissen-teilen-damit-die-welt-besser-wird

Über die Autorin Anita Meier

Gebürtige Schweizerin, studierte Grafikdesignerin, Wahl-Berlinerin. Sie hat im Printbereich als Gestalterin und Herstellerin in Buch- und Zeitungverlagen in Bern und Berlin gearbeitet.

Nach einjähriger Weiterbildung für digitale Medien verschob sich ihr Hauptschwerpunkt ins Internet. Seit 2002 ist sie selbständig mit dem Büro für visuelle Kommunikation animeidesign.

Kontakt
Anita Meier
post@animeidesign.de
www.animeidesign.de

Das Anagramm ihres Firmennamens ist Programm: animeidesign sinnigemedia sindeinimage.

8 Von der Kunst, bei Google gefunden zu werden!

von Andreas Kaufmann

„Herzlich Willkommen bei Google". Diese Nachricht lesen Sie spätestens dann, wenn Sie Ihr erstes Email Konto bei Gmail anmelden oder zum ersten Mal einen Google Dienst benutzen. Aber heißt Google nicht nur Sie als potentiellen Empfänger für Werbung, sondern auch Ihre Unternehmens-Webseite „willkommen" – als bestes relevantes Ergebnis auf Suchanfragen in seinem Netzwerk? Nicht immer. Zumindest nicht immer sofort.

Prolog: "Da gab es so viele Suchergebnisse, aber Deine Seite war nicht dabei..."

Eine gute Position bei Google & Co. entscheidet heute über Erfolg oder Misserfolg einer Webseite und am Ende auch über Ihren Unternehmenserfolg. Nur die richtige Strategie und das Know-how geben den Ausschlag, ob und wie viele Nutzer über Google auf Ihre Seite aufmerksam werden. Dabei ist Suchmaschinenoptimierung anspruchsvoller und sehr komplex geworden.

Vor vielen Jahren kam eine Redewendung auf, die heute geradezu eine beängstigende Aktualität hat: „Wer (im Netz) nicht gefunden wird, den gibt es einfach nicht!". Es gibt einen einfachen Weg, um herauszufinden, ob diese Aussage auf Ihre Webseite zutrifft: Fragen Sie einen Bekannten, ob er Ihren Internetauftritt ohne Ihren Unternehmensnamen nur mit Ihrer Tätigkeitsbeschreibung bei Google findet. Im Normalfall ist das Ergebnis ernüchternd: „Da gab es so viele Suchergebnisse, aber Deine Seite war nicht dabei...".

Warum das Thema Suchmaschinenoptimierung in Ihre Agenda gehört

„Warum unsere Webseite optimieren?
Wenn Sie unseren Namen googeln, sind wir die Nummer 1"

Der Mensch ist sehr bequem! Das trifft auch auf Ihre Kunden zu. Warum sollte ein Kunde sich Ihren Domainnamen (den Namen, mit dem Sie Ihre Website registriert haben) merken, wenn es doch Suchmaschinen gibt? Google ist die wichtigste Such-maschine in Deutschland mit über 95% Marktanteil ist.

Aber auch dann, wenn sich Ihr Kunde Ihren Namen gemerkt, bei Google eingegeben und Ihre Webseite als erstes Suchergebnis gefunden hat: Dieser Besucher hatte schon einmal mit Ihrem Unternehmen zu tun – und sucht gezielt danach. Aber was passiert, wenn er Ihren vollen Namen vergessen oder nur Ihre Dienstleistung in Er-innerung behalten hat? Dieser Kunde wäre verloren.

Sie als erfolgreicher Unternehmer/-in möchten aber gar keine Kunden verlieren! Besonders dann nicht, wenn diese Kunden gratis und zahlreich sind.

Ihr Ziel ist es, Ihre Unternehmens Webseite in den Suchergebnissen so prominent zu platzieren, dass möglichst viele Menschen, die nach Ihrem Produkt, Ihrer Dienst-leistung oder Ihrer Kompetenz suchen, Sie dort „leicht" identifizieren und finden können.

Warum auf diese Kunden freiwillig verzichten? Buchstäblich jede Stunde, jede Mi-nute wird bei Google eine Information, eine Lösung oder ein Anbieter gesucht. Und das könnten Sie sein! Und natürlich sind Sie nicht der einzige, der dieser Anbieter sein will.

Willkommen beim großen Wettbewerb um die relevanten Suchergebnisse bei Google.

Warum Sie jetzt mit Ihrer Webseitenoptimierung beginnen sollten:

Realität

- Starker Wettbewerb durch zahlreiche Mitbewerber in Ihrer Branche
- Mehr relevater Traffic (Besucher) über Google = mehr mögliche Kunden für Sie
- Werden Sie über die Keywords Ihrer Dienstleistung/ Ihrer Produkte im Web gefunden! Eine gute Plazierung ist ein Qualitätsmerkmal, ein USP

Marketing

- Sie präsentieren Ihr Angebot in dem Moment, wo der Kunde aktiv danach sucht
- Organische (unbezahlte) Rankings bei Google bringen wirklich das ganze Jahr und 24h pro Tag neue Besucher

Rendite

- Kostenersparnis: Bezahlte Werbung (z.B. mit Google AdWords) ist nur so lange wirksam, wie Ihr Tagesbudget dafür reicht. Kein Budget bedeutet automatisch keine Listung Ihrer Webseite in den Suchergebnissen mehr
- Am Ende des Monats ist der ROI (also die Rendite) wichtiger als der Aufwand für Ihre SEO-Investition. Fragen Sie sich: Wie viele Kunden brauche ich, um meine Kosten oder meinen Aufwand zu begleichen!

Abbildung 9 Gründe für Suchmaschinenoptimierung

Jede(r) Unternehmer(in) stellt sich am Anfang, während und nach jeder erstgemeinten Webseitenoptimierung folgende Fragen:

1. Was genau sucht mein Kunde in meinem angebotenen Themenbereich tatsächlich, wenn er eine Suchmaschine benutzt? Nutzt er dafür Google? Wie oft?
2. Wie umschreibt ein potentieller Kunde seine Suche – oder besser seinen BE-DARF – mit Worten? Wie kann ich als Unternehmen mit meiner Webseite in den Google Ergebnissen mit meinem ANGEBOT als Problemlöser für exakt diese Suchanfragen im richtigen Moment erscheinen?
3. Wie finde und nutze ich die für „mein" Thema passenden Suchanfragen (für mein Produkt/ meiner Dienstleistung)?

4. Ist eine Google Optimierung meiner Webseite auf allgemeine Keyword Kombi-nationen (wie z.b. auf „Zahnarzt + Berlin") überhaupt sinnvoll? Was passiert, wenn ALLE Mitbewerber – vielleicht schon seit Jahren – auch darauf optimiert haben?

5. Wie kann ich meine Webseiten-Sichtbarkeit in den Suchergebnissen über an-dere Google Dienste (z.b. den Universal Rankings – also der lokalen Suche über Google+ oder der Google Bildersuche) sinnvollerweise erweitern?

6. Wie analysiere ich das Besucherverhalten auf meiner Webseite? Wie bekomme ich Antworten auf die folgende Fragen:

   • Wieso verlassen Besucher meine Webseite ohne etwas zu kaufen?
   • Warum nutzen meine Webseiten Besucher nicht mein Kontaktformular?
   • Warum wird so wenig in meinem Onlineshop gekauft?
   • Haben meine Besucher auf meiner Webseite nicht das gefunden, was sie tatsächlich gesucht oder erwartet haben?

Die Antworten auf diese Fragen – und vieles mehr- bieten zahlreiche Dienstleister unter dem weitgefassten Begriff der Suchmaschinenoptimierung an. Das versteht man unter „echter" Suchmaschinenoptimierung (kurz mit den Buchstaben „SEO" zusammengefasst – Englisch für: Search Engine Optimization).

Leider werden nur in den wenigsten SEO Angeboten diese Fragen auch tatsächlich berücksichtigt. Denn dafür benötigt man Mitarbeiter – und Zeit. Genaugenommen: Viel Zeit und auch einiges an Agentur Aufwand (Wissen & kostenpflichtige Soft-ware).

Kein Tool, keine Agentur und kein (selbsternannter) Experte werden diese Fragen für „pauschal 400.-€" beantworten. Warum dies so ist, und was Sie tun können, lesen Sie in den folgenden Kapiteln.

Ach ja: Unsere Keywörter sind bereits optimiert

„Suchmaschinenoptimierung? Ja klar, wir machen auch SEO". Das ist häufig die Ant-wort von Webagenturen oder Webdesignern, wenn Sie sich als potentieller Kunde nach einer optimierten Webseite für Ihr Unternehmen erkundigen.

Webentwickler, Webdesigner und vorgefertigte Homepagevorlagen (Templates) versprechen ihren Käufern: Ihre neue Webseite ist zu "100 % SEO optimiert". Der Auftrag ist dann schnell erteilt: Webseite und SEO Optimierung. Alles erledigt. Check.

Allerdings machen wir als SEO-Agentur immer wieder die Erfahrung, dass dies eher auf Wunschdenken als auf Können seitens des Anbieters oder des Dienstleisters beruht.

Ein kleines Beispiel: Erinnern Sie sich an die sieben Fragen aus dem Prolog – insbesondere Frage 4 (Seite 91)? „Ist eine Optimierung auf Keywörter, welche auch alle anderen Konkurrenten benutzen, überhaupt sinnvoll?". Nein, meist ist dies nicht sinnvoll – besonders dann nicht, wenn die Konkurrenz vielleicht schon viel länger auf dem Markt ist und genau diese Keywörter auch verwendet.

Aber genau das wird Ihnen in der Praxis angeboten und verkauft: Eine (SEO) Optimierung Ihrer Webseite auf Keywörter, welche – wirklich – alle anderen Webseiten genau gleich auf ihren Webseiten verwenden. Nur mit dem Versprechen, dass die SEO-Maßnahmen Ihres potentiellen Dienstleisters besser wirken werden als bei allen anderen.

Merken Sie etwas? Hier stimmt was nicht!

Hier ein kleines Beispiel zu genau diesem Versprechen. Sie sind z.B. ein aufstrebender Unternehmensberater in Berlin Charlottenburg. Ihr SEO Dienstleister bietet Ihnen die Optimierung auf genau dieses Tätigkeitsfeld an. Ihr Ziel ist also, mit der Keyword Kombination „Unternehmensberatung Berlin" in den Wettbewerb um die besten Rankings einzusteigen. Sehen wir mal bei Google nach, wie „einfach" das wird:

In diesem Fall hätten Sie 1,1 Mio. weitere Suchergebnisse, die exakt auf „Ihre" Keywords zutreffen. Ob Ihr Dienstleister das schafft? Für pauschal 400,- €?

Die 3 wichtigsten Säulen Ihrer Webseitenoptimierung

Abbildung 10 Anzahl der Google-Ergebnisse bei allgemeinen Suchwörtern

„Suchmaschinenoptimierung?
Da machen Sie doch nur was mit Keywords und Backlinks, oder?

Also, wie funktioniert „echte" Suchmaschinenoptimierung?

Wie alles im Leben beginnt der Optimierungsprozess mit einer gründlichen Analyse Ihrer Ausgangssituation. Wo liegen die Potentiale (Chancen) Ihrer Webseite und wie können Sie eventuelle technische Probleme beseitigen?
Im Anschluss daran entscheidet man sich für die Ziele, welche man mit seinem Auftritt erreichen möchte.
Um diese Ziele zu erreichen bedient man sich dann der sogenannten Onpage Optimierung (damit sind alle Maßnahmen „auf" Ihrer Webseite gemeint) und der Offpage Optimierung (das ist die Verknüpfung/Erwähnung Ihrer Webseite mit dem Rest des Internet). In der folgenden Grafik habe ich Ihnen den Prozess einer effektiven Suchmaschinenoptimierung schematisch dargestellt.
Suchmaschinenoptimierung ist ein Prozess.

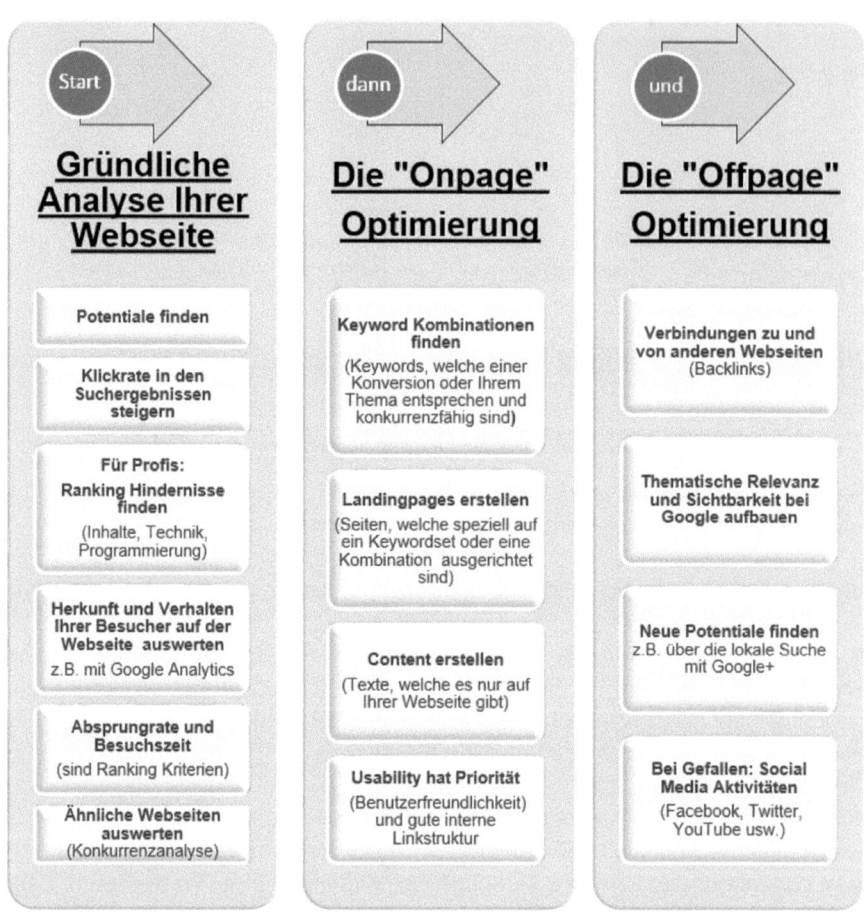

Abbildung 11 Prozess einer echten Suchmaschinenoptimierung

Lassen Sie sich von den vielen Angaben in der Grafik nicht einschüchtern. Diese Maßnahmen sind auch – und besonders – für kleine und mittelgroße Webseiten geeignet!
Und positiv ausgedrückt: Jeder Unternehmer, der sich nicht damit beschäftigt, ist ein Konkurrent auf Ihre Google Rankings weniger.

Über schwarze Schafe im SEO Bereich

Suchmaschinenoptimierung ist ein Prozess, niemals eine einzelne Maßnahme. Wenn Sie sich ein wenig in die Materie eingearbeitet haben, kommt manchmal die Erkenntnis, dass man das Thema vielleicht besser an jemanden weitergibt, der sich damit auskennt. Angebote in diesem Bereich gibt es genügend – ein kurzer Blick in das eigene Mailkonto reicht aus. Da schlummert bestimmt noch eine Werbemail eines unbekannten Unternehmens einer fremden Stadt, welche Ihnen ein sagenhaftes SEO Angebot macht.

„Erfolgsversprechen leichtgemacht"

Auch hat Sie bestimmt schon einmal eine unbekannte nette Dame oder ein unbekannter netter Herr angerufen. In blumigen Beschreibungen wird Ihnen am Telefon wirklich alles versprochen, was man sich als Unternehmer nur vorstellen oder wünschen kann:

Hier meine persönlichen Teaser-Favoriten:

„Wir bringen Ihre Webseite garantiert auf Platz 1"

„Entweder wir erreichen unser Ziel, oder Sie erhalten Ihr Geld zurück"

„Sie bekommen 10.000 Besucher"

„Wir haben gute Kontakte zu Google"

„Wir bringen Sie bei Google und Bing auf die vorderen Positionen"

„Manueller Eintrag bei 200 Suchmaschinen"

Abbildung 12 Erfolgsversprechen bei SEO Maßnahmen

Um es vorwegzunehmen: Genaugenommen ist keine der Aussagen eine „glatte" Lüge. Vielleicht mit Ausnahme von „Wir haben gute Kontakte bei Google " – aber dazu später mehr.

Aber zu jeder Aussage gibt es immer einen Trick, dass es „passt". Und Sie werden bezahlen müssen – immer. Das zu erreichende „Ziel" oder den Erfolg gibt der Dienstleister vor, nicht wirklich Sie. Und diese Erfolge sind i.d.R. künstlich erzeugt, bringen Ihnen tatsächlich nichts.

Es ist z.b. relativ einfach, Ihre Webseite auf die Seite 1 und sogar auf Platz 1 zu bringen: Aber mit welchen Keyword Kombinationen? Bestimmt keine, für welche auch die Konkurrenz optimiert.

Oder es werden gute Backlinks für Ihre Webseite vom Dienstleister nur „gemietet" und nach Abschluss der Zusammenarbeit wieder entfernt. Sie sehen: alles ist möglich – es kommt nur darauf an, wie man es anstellt.

Der am weitesten verbreitete „Trick" ist, wenn Sie ein SEO Dienstleister nach Ihren Lieblings Keywords fragt und diese ohne Beratung als Optimierungs-Auftrag verwendet!

Das kann nicht funktionieren!

Eine gute Agentur nimmt sich Zeit für Sie und Ihr Thema und berät Sie nach einer Keyword Analyse, warum welche Keyword Kombinationen sich in Ihrem Fall lohnen – oder eben nicht.
Und warum sollte sich ein Webdesigner die Zeit nehmen, herauszufinden, welche SEO Keyword Kombinationen zu Ihnen als Unternehmen passen und welche nicht? Warum sollte er einen Teil seiner ohnehin wertvollen Arbeitszeit damit verbringen, etwas zu tun, was er nicht extra abrechnen kann? Und warum gibt es fast nie den umgekehrten Fall: Ein hauptberuflicher SEO bietet Webseitenprogrammierung an? Ich will es Ihnen sagen: Weil beide Aufgaben so komplex sind und eine permanente Anpassung an neue Entwicklungen erfordern. Das schafft eine Agentur nur dann, wenn sie zwei Geschäftsbereiche hat: eine für die Programmierung und eine für SEO.

Ein Hinweis: Wenn Sie ein zweifelhaftes SEO Angebot bekommen haben, fragen Sie ruhig eine andere Agentur oder mich nach einer zweiten objektiven Meinung zum erhaltenen Angebot. Da kommen interessante Dinge ans Tageslicht.

Bei diesen SEO Angeboten sollten Sie misstrauisch werden:

• Anrufen von Callcentern („Kaltakquise")
• Es erfolgt im Gespräch keine Beratung, sondern gleich ein Angebot
• SEO wird nur im Nebengeschäft angeboten (z.b. vom Webdesigner oder einer Webhosting Agentur)
• Die Agentur fragt nach Ihren Keyword-Wünschen und übernimmt diese ohne Beratung „Eins zu Eins" als Optimierungsauftrag
• Sie bekommen das Angebot eines „einmaligen" SEO Setup (Onpage) und tragen dann monatliche „Management" Kosten.
• Als Ergebnis einer Analyse wird Ihnen ein Maßnahmenkatalog "mit wertvollen Tipps und Hinweisen" versprochen
• „Sehr geehrter Domaininhaber, bei einem Besuch Ihrer Website ist mir aufgefallen, dass Sie in den meisten größeren Suchmaschinen und Verzeichnisdiensten nicht registriert sind..." (Spammails)
• „Wir platzieren Ihre Webseite im redaktionellem Umfeld unserer Netzwerk Portale/ Partner"
• Zweifelhafte Agentur Aussagen wie etwa:
  - „Wir arbeiten mit Google Hand-in-Hand"
  - „Wir gehen bei Google ein und aus"
  Hintergrund: Es gibt keine Google „Insider" Informationen und keine verifizierten SEO Strategien, welche von Google oder seiner Mitarbeiter an externe SEO Agenturen weitergegeben werden. Wirklich nicht.

Hintergrundwissen: „Wir sind von Google zertifiziert" – tatsächlich?

Man vertraut Dienstleistern mehr, wenn sich diese mit erworbenen Zertifikaten zu einem Thema schmücken. Jedoch steckt nicht in jedem Zertifikat die Qualifikation, welche man vielleicht mit einem Logo assoziiert. Wenn Sie die Webseiten von Dienstleister Agenturen besuchen, fallen Ihnen vielleicht diese Google Logos am Seitenrand fast immer auf:

 oder

Abbildung 13 Missverständliche Google Zertifikate

Diese Logos haben leider gar nichts mit einer vom Kunden angenommenen „Google SEO Partnerschaft" zu tun. Sie sind ausschließlich Nachweise für eine Partnerschaft der betreffenden Agentur für den Vertrieb von bezahlte AdWords Anzeigen/ SEM. (SEM = Search Engine Marketing). Also haben diese Logos nichts mit einer SEO Qualifikation zu tun.

So geht's: Mit diesen Fragen stehen Sie auf der sicheren Seite

Mit den richtigen Fragen an Ihren potentiellen Dienstleister können Sie recht schnell feststellen, ob dieser wirklich seriös arbeitet und ob er wirklich hinter „seinem" Produkt steht.

„Welche Ergebnisse erwarten Sie (in welchem Zeitraum)?"

Anmerkung: Eine sehr gute Frage! Hier trennt sich meistens bei den SEO Anbietern die Spreu vom Weizen.

Wenig aussagekräftig sind Antworten wie z.B.
- „Wir verbessern die Google Rankings Ihrer Webseite" (Gesamt)
  Hintergrund: Die reine Anzahl Ihrer Rankings liefert keine Aussage über den konkreten Erfolg Ihrer Webseite
- „Wir steigern Ihre Besucherzahlen" (Gesamt)
  Hintergrund: Eine steigende Besucherzahl lässt nicht automatisch Ihre Umsätze steigen. Unpassende oder über „Partnerprogramme" generierte Besucher bringen keine Umsätze und verlassen Ihre Seite meist sofort wieder. Die Absprungrate Ihrer Besucher (die „Bounce Rate") ist übrigens ein negativer Rankingfaktor bei Google.

- Wir erhöhen die Sichtbarkeit Ihrer Webseite" (Allgemein)
  Hintergrund: Die allgemeine Sichtbarkeit („Visibility") Ihrer Webseite liefert
  keine Aussage über die Effektivität Ihrer SEO Maßnahmen – ist also allein nutzlos

Eine vorbildliche Antwort wäre z.b.
- „Wir bringen Ihre Google Rankings für ein gemeinsam vereinbartes Keyword Set
  (d.h. für Ihren Geschäftserfolg gewinnbringende Keywords) innerhalb von 4 bis
  6 Monaten in die Top 10 der Google Suchergebnisse."

Folgende Fragen sollten Sie stellen:
- „Wie messen Sie Ihren Erfolg?"
  Hier helfen klare Zielvereinbarungen mit Ihrer zukünftigen Agentur: Was gilt als
  Erfolg? z.b. die Anzahl von erfolgreichen Keyword Kombinationen in den Google
  Top10 Ergebnissen? Oder erfolgreich abgeschlossene Conversions? (Eine „Con-
  version" ist eine vorher definierte Aktion, welche ein Besucher auf Ihrer Web-
  seite ausführen soll) z.b. die Nutzung des Kontaktformulars, getätigte Down-
  loads, abgeschlossene Einkäufe, durchschnittliche Besuchsdauer auf Ihrer Web-
  seite, Verringerung der Absprungrate, etc.
- „Was sind Ihre wichtigsten SEO-Methoden?"
- „Haben Sie Referenzen, die Sie mir zeigen können?"

Was sind sinnvolle Keyword Kombinationen?

Hier eine kleine Übersicht, wann eine vorgeschlagene Keyword Kombination tatsächlich für Ihre Unternehmensziele relevant ist und welche Ihre Zielvorgabe tatsächlich positiv unterstützt.

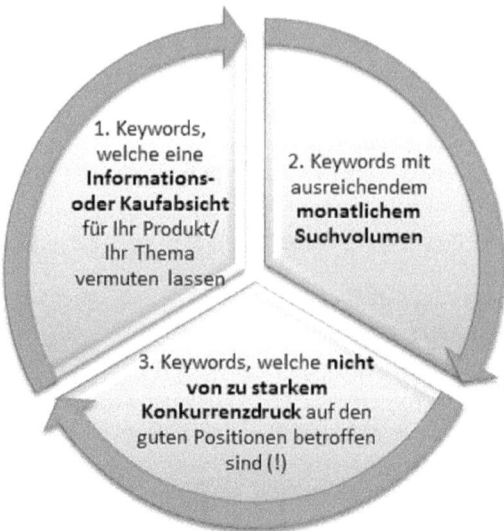

Abbildung 14 Gute Keyword Kombinationen für Ihren Unternehmenserfolg

So klappt's aber auch wirklich mit einer guten Agentur:

- Gesunder Menschenverstand. Hinterfragen Sie „Schnäppchen"-Angebote.
- Im Vorfeld: Ausführliches Beratungsgespräch
- Leistungsversprechen dokumentieren
- Regelmäßiges Reporting
- Lassen Sie sich niemals zeitlich unter Druck setzen.
- Arbeiten Sie nur mit langjährigen Experten (Erfahrung)
- Überprüfen Sie die Leistungen der Agentur
- Vertrauen Sie nicht der versprochenen Wirkung von „Einmal" Leistungen.

Und natürlich: Erweitern Sie Ihre eigenen SEO Kenntnisse. Eine wirklich empfehlenswerte und kostenlose Publikation bekommen Sie z.B. jeden Monat unter www.suchradar.de. Vielen Dank für Ihr Interesse an diesem unglaublich vielseitigen Thema. Sprechen Sie mich gerne an, wenn Sie Fragen zu den besprochenen Themen haben.

Über den Autor Andreas Kaufmann

Andreas Kaufmann ist Gründer der Agentur „Die Webboxer – SEO für alle!". Unter dem Motto „Schluss mit SEO Mythen" berät und betreut er Unternehmer in den Disziplinen Suchmaschinenoptimierung und Onlinevertrieb in Berlin und im D-A-CH Gebiet.

Seit 2009 beschäftigt er sich leidenschaftlich mit der Suchmaschine Google und ihrer Dienste. 2011 startet er mit seiner eigenen Agentur als praktischer Berater für Unternehmen und Selbstständige durch. Er bewertet außerdem externe SEO Angebote und Maßnahmen auf Effektivität und Machbarkeit.

Kontakt
Andreas Kaufmann
akaufmann@die-webboxer.de
www.die-webboxer.de

Studiert hat er Marketing, Medienwirtschaft und Tourismus an der Nordseeküste. Mit viel Engagement, einem immer offenen Ohr und auch etwas Humor bringt er auch schwierigste Webseiten auf Erfolgskurs.

9 Über Solisten, Duette und ganze Ballettgruppen

von Andrea Scherding

Kennen Sie die Tücken, die entstehen, wenn aus einem Einmann(frau)betrieb ein größeres Unternehmen mit mehreren Mitarbeitern entsteht? Am Anfang steht sicher das „Bauchgefühl". Konzeptionelle Überlegungen im Vorfeld können zwar nicht ausschließlich maßgebend für richtige Entscheidungen, aber risikominimierend sein.
Dabei spielen unterschiedliche Aspekte eine Rolle, denn „Unternehmenserfolg beruht heute mehr und mehr auf der Fähigkeit organisatorisch mit Veränderung umzugehen".[37]
Dabei wird im Folgenden der Versuch unternommen, sich der Komplexität des Themas anzunähern.

Wie viele Hände haben Sie? Zwei, vier, sechs oder noch mehr?

Sie haben mehr Arbeit, als Sie bewältigen können, oder wollen ein neues Geschäftsfeld eröffnen, d.h. Sie brauchen einen oder mehrere neue Mitarbeiter oder Mitarbeiterinnen.
Ihr Betrieb, Ihre Organisation wird sich verändern, vergrößern, differenzieren. Wie wollen Sie den neuen Mitarbeiter, die neue Mitarbeiterin auswählen?
In großen Betrieben werden Assessment Center oder andere Bewerbertools genutzt, denn es ist natürlich nicht unerheblich, mit wem Sie zusammen arbeiten wollen und können. Gerade in kleineren Betrieben sollte „die Chemie stimmen" und die Struktur.
Theoretisch lassen sich folgende Auswahlkriterien unterscheiden:
• fachliche Fähigkeiten / Wissen,
• soziale Kompetenzen,
• Emotion,
• Motivation.

---

[37] Miriam Landes/Eberhard Steiner(Hrsg.), Psychologie der Wirtschaft, S. 801

Also wer bringt das nötige Know-how mit? Aber ist derjenige auch motiviert? Ist jemand in Zusammenarbeit trainiert oder eher Einzelkämpfer? Kann ich mir vorstellen mit so jemandem zusammenzuarbeiten, stimmt die Chemie? denn

• Leistungsvermögen – KÖNNEN
• Leistungsbereitschaft – WOLLEN
• Leistungsbedingungen – DÜRFEN

bilden zusammen die tatsächliche Leistung.[38]

Ein mögliches Instrument ist hier die SWOT – Analyse, da diese einen umfassenden Überblick auf die derzeitigen Stärken und Schwächen des Unternehmens und Potentiale sowie Gefährdungen für die Zukunft beschreibt und somit mehr Klarheit für die Arbeitsplatzbeschreibung der zukünftigen Mitstreiter schafft.

Nehmen Sie sich zwei bis drei Stunden Zeit und überlegen Sie (zusammen mit einem Berater oder Kompagnon):

Ist-Zustand:
Zufriedenheit: Was läuft zufriedenstellend? Womit erzielen wir gute Resultate: Kriterien, Gründe, Maßstäbe dafür... Was motiviert mich? Welche Tätigkeiten, Arbeitsbedingungen sind besonders zufriedenstellend?
Schwächen: Wo liegen Fehler, Unzulänglichkeiten, Schwierigkeiten, Schwachstellen? Was führt zu Spannungen, Konflikten, Reklamationen? Was ist für mich selbst schwierig oder hinderlich? In welchen Bereichen liegen meine Grenzen, wo meine Lücken, Defizite?

Soll-Zustand
Potentiale: Welche Entwicklungs-, Wachstumsziele liegen in welchen Bereichen? Was sind bekannte, aber noch nicht genutzte Chancen? Wo sollte systematisch nach neuen Möglichkeiten / Chancen gesucht werden? Welche Chancen, Möglichkeiten sehe ich für mich persönlich? Szenario: Wo steht die Firma in 2-5-10 Jahren? Gefährdungen: Welche ungünstigen, bedrohlichen Entwicklungen kommen auf uns zu? Was passiert, wenn nichts passiert? Wie können wir wissen, dass ein als problemfreier und befriedigender Bereich nicht doch zum Problembereich wird?

---

[38] Corinna von Au: Leistung in Teams, in Miriam Landes / Eberhard Steiner (Hrsg) Psychologie der Wirtschaft S. 430

Möglicherweise wissen Sie jetzt besser, für was Sie neue Mitarbeiter und Mitarbeiterinnen brauchen. Das grenzt die Suche schon mal ein, aber Vorsicht! Die Dimension der Lernfähigkeit beachten! Weiterbildung ist ein wichtiger Baustein, um das Unternehmen flexibel zu erhalten.

Aufforderung zum Tanz

OK, jetzt wissen Sie vielleicht ungefähr, wen Sie für was brauchen...
Nur wie finden Sie diesen?
Vielleicht fragen Sie einmal in Ihrem Feld, bei anderen Branchen oder Bekannten nach, ob jemand jemanden empfehlen kann (siehe Kapitel über Netzwerke, Abschnitt 5, Seite 55).
Klassisch über Anzeigen und Vorstellungsgespräche, evtl. Probearbeiten, oder Sie stellen Praktikanten oder Lehrlinge ein.

Wenn die Nische des Einzelunternehmers, des Solisten verlassen wird und noch andere Personen beginnen mitzutanzen, kommen noch folgende wichtige Aspekte hinzu, wie

Führung
mit den Prinzipien der Sinn- und Visionsvermittlung, der Transparenz, der Autonomie und Partizipation, der konstruktiven Rückmeldung, der positiven Wertschätzung, der optimalen Stimulation durch Zielvereinbarungen, der Fairness, der situativen Führung, des guten Vorbilds.[39]
Besonders beim Paartanz übernimmt einer (eine) die Führung, damit das Paar nicht mit anderen zusammenstößt, die Richtung nicht immer wieder neu diskutiert werden muss und harmonische Bewegungen entstehen können.

Kommunikation
Dazu gehört die Aufgabenverteilung, Produktentwicklung, Feedback, aber Vorsicht! Manchmal kommt das Gesprochene nicht so an, wie der Sprecher es gemeint hat. Zwischen Sprecher und Zuhörer entsteht ein Vakuum, eine "Black Box", in der Sinn, Einzelheiten etc. verschwinden und dann verändert wieder zum Vorschein kommen. Missverständnisse sind normal, lieber noch einmal nachfragen, Rückmeldungen geben lassen...

---

[39] vgl. Frey et al. 2006, S. 15,ff

Konfliktmanagement
Konflikte gehören zum Alltag, also auch zum Arbeitsalltag. Es macht aus meiner Sicht Sinn, mit Konflikten möglichst offen, natürlich verbal umzugehen. Konfliktmanagement ist ein Teil der Unternehmenskultur und sollte gut eingebettet sein, damit sich daraus eine positive Entwicklung ergeben kann. Voraussetzung ist dafür eine wertschätzende Atmosphäre, in der es möglich ist, neben den ganzen positiven Aspekten der einzelnen Tätigkeiten auch Kritik zu üben. Z.B. erst positives Feedback geben, danach formulieren „ich wünsche mir ... anders", oder „aus meiner Sicht sollte ...".

Zur Analyse eines Konflikts sind die Eskalationsstufen nach Glasl hilfreich. Er teilt den Konfliktverlauf in drei Hauptkriterien ein, die dann jeweils nochmal in drei Stufen unterteilt werden.
1. win-win
   • Verhärtung
   • Polarisierung und Debatte
   • Taten statt Worte
2. win-lose
   • Sorge um Image und Koalition
   • Gesichtsverlust
   • Drohstrategie
3. lose-lose
   • Begrenzte Vernichtungsschläge
   • Zersplitterung
   • Gemeinsam in den Abgrund

Ein möglichst allparteilicher Moderator wäre sicherlich von Anfang an sinnvoll, ein Mediator ab der „win-lose" Kategorie (siehe auch Artikel über Mediation).

Die Inszenierung

Hier die Inszenierung eines Teams, einer Gruppe. Wobei sich das Team von einer Gruppe unterscheidet. Im Team hat jeder eine andere Funktion, die Teammitglieder ergänzen sich und bilden so ein Produkt. Übertragen auf das Bild der Ballettgruppe bilden die Tänzer eher eine Gruppe, wenn sie annähernd das Gleiche tanzen, wobei das Team sowohl aus den Tänzern als auch aus Regisseur, Bühnenbildner, Musikern, Intendanten etc. besteht.

„Von einem Team spricht man dann, wenn sich mehrere Personen zusammen-
schließen und ihre Kompetenzen zur Erfüllung einer vorher festgelegten Aufgabe
verbinden, um ein bestimmtes Ziel zu erreichen."[40]
Weitere Kennzeichen der Teamarbeit sind aufgabenspezifische Kompetenzen, Rol-
lenübernahme der Teammitglieder, Kommunikation, gemeinsame Strategien zum
Umgang mit Veränderungen, gegenseitige Unterstützung, Konfliktlösung, Informationsaustausch, Koordination.[41]

Ein funktionierendes Team wirkt nach innen und nach außen. Es stellt die Qualität
der Produkte sicher und wirkt als Motor für neue Entwicklungen. Es ist Werbung
für das Unternehmen und wirkt mit auf den Hype, die Atmosphäre um das Unternehmen und kann so auch interessante und begabte Bewerber anziehen. Außerdem wirkt es auf die Beständigkeit der Mitarbeiter und ist neben finanzieller Anreize ein großer Wirkfaktor für Arbeitsqualität und -zufriedenheit.

Erfolgreiche Teams sind zielorientiert, achtsam, haben eine Organisationsstruktur,
ein Rollenverständnis, sind lernfähig und motiviert.[42]

Tanzstunde / unterstützende Tools

Arbeitsplatzbeschreibung
Ich denke, es hat Sinn sich die Mühe zu machen, die Arbeitsaufgaben zu beschreiben und diese schriftlich zu fixieren. Obwohl ich hier gleich die Kollegen im Ohr
habe, die sagen, es müssen auch Platz zum Improvisieren und Ausprobieren sein.
Man könne nicht an alles denken und in einem flexiblen und sich ständig verän-
dernden Markt seien neue Aufgaben vorprogrammiert. Was denken Sie? Ist hier
ein Kompromiss denkbar. Z.B. eine Rahmenbeschreibung mit Eckdaten wie: flexibel
im Tätigkeitsbereich, soundso einsetzbar, oder nach Absprache mit der Leitung....

Kollegiale Beratung
Es wurden in den vergangenen Jahren einige neue Lernkonzepte, speziell auf KMU
zugeschnitten entwickelt.

---

[40] Miriam Landes / Constanze Morgenstern: Teamentwicklung in Miriam Landes/Eberhard Steiner
(Hrsg) Psychologie der Wirtschaft S. 403.
[41] Vgl. Manser & Burtscher 2008, S. 58 und Flin, O´ Connor & Crichton 2008 S. 96ff
[42] vgl. Pawlowsky, Mestele & Geithner 2005, S. 50ff

Aufgabenbezogener Informationsaustausch (AI, an der TU Dresden entwickelt) dient dem Austausch und der Integration von Wissen. Er ist kostenneutral und besonders in der Projektarbeit einsetzbar.
Begleitete Lerngruppen: von Trainern und Beratern begleitete Lerngruppen, die sich möglichst eigenständig über „Widerstände und Erfolgsfaktoren austauschen, voneinander lernen und sich bei praktischen Schwierigkeiten unterstützen."[43]
In einigen Regionen wurden „spezielle Unterstützungskonzepte für KMU mit den Themenschwerpunkten Arbeitstechniken, BWL und Projektmanagement entwickelt, welche im Zeitrahmen von drei Monaten auch lernentwöhnte Beschäftigte qualifizieren können."[44]
Der Bedarf an kostengünstigen Fortbildungen und Trainings ist natürlich immer noch sehr hoch. In den Ländern wurden noch weitere Methoden entwickelt. Es fehlt oft eher an Motivation der KMU diese wahrzunehmen.

Fortbildungen
Je nach Ihrem Bedarf können Fort- und Weiterbildungen an den speziellen Instituten und Einrichtungen oder z.B. bei der IHK gebucht werden. Eine andere Möglichkeit sind passgerechte Inhouse-Schulungen.
Dadurch wird neben der höheren Qualifizierung auch die Arbeitszufriedenheit der Mitarbeiter gefördert, wenn diese eine interessantere und herausfordernde Tätigkeit übernehmen können.
Das online Tool „surveymonkey" stellt Umfragen z.B. zum Thema Arbeitszufriedenheit und Fortbildungsbedarf zur Verfügung.

Coaching
In einem Coaching werden Ziele aus verschiedenen Blickwinkeln betrachtet, neue Wege gefunden, Ziele zu erreichen, Stärken ausgebaut, können individuellen Potenziale und Entwicklungsfelder aufgezeigt und Zukunftsvisionen entwickelt werden.

Außerdem kann herausgefunden werden, welche Hindernisse beim Erreichen des Ziels sich in den Weg stellen können und wie damit umgegangen werden kann.

---

[43] Dokumentation 5. BIBB-Fachkongress 2007 S.7
[44] ebenso

Teamberatung

ist dann sinnvoll, wenn Ziele nicht eindeutig sind, Entscheidungsvorgänge intrans-
parent oder Hierarchien unklar sind. Wenn Verantwortungen und Zuständigkeiten
nicht eindeutig, Rollen nicht klar definiert, Informationsflüsse nicht effizient und
zielführend sind.

Oder wenn unzureichendes Feedback und fehlende Anerkennung von Leistungen
vorhanden bzw. Beziehungskonflikte im Team gegeben sind.

Vortanzen

Welche Bonbons verteile ich, um die richtig guten Mitarbeiter zu bekommen?
Gutes Arbeitsklima? Interessante Tätigkeiten? Aufstiegsmöglichkeiten? Finanzielle
Anreize? Tolles Team?

Eine gute Mischung aus Arbeitszufriedenheit, Eigenverantwortung und Aufstiegs-
chancen zu schaffen, ist eine Herausforderung für Sie als Unternehmer. Außerdem
sind Außendarstellung und das vermittelte Gefühl, Teil von etwas Wichtigem und
Besonderem zu sein, Anreize für gute Mitarbeiter. In Konkurrenz zu großen Mar-
ken, die mit internationalen Möglichkeiten, tollen Karrierechancen etc. um Talente
werben, ist das Wesentliche in kleineren Unternehmen die persönliche Nähe und
die unmittelbare Verantwortung und Wirkfähigkeit.

Was Hänschen nicht lernt, lernt Hans nimmermehr?

Zu Veränderung und Veränderungsmanagement gehört, die Lernmotivation von
Mitarbeitern einzuschätzen, vorauszusetzen und zu fördern. Es wurden bestimmte
Lernmodelle entwickelt, die besonders auf ältere Mitarbeiter und Führungskräfte
ausgerichtet sind, wie z.B. monkey+. Hier wird zu Beginn ein Theorieblock angeboten, worauf eine Praxisphase mit Coaching und die konkrete Umsetzung in die betriebliche Projektaufgabe anschließt. Das alles wird unterstützt mit e-learning Mo-
dulen. Die so ausgebildeten Mitarbeiter können eine Multiplikatorenfunktion im
Betrieb übernehmen.

Ab Freitag um eins macht jeder seins???

Wie motiviere ich meine Kollegen und Mitarbeiter das Projekt noch fertigzustellen,
weiterzuentwickeln, innovative Projekte zu entwickeln und weiterzuführen?

Den Blick auf das Ergebnis zu richten, auf das Ziel? Show machen, den Entertainer geben! Evtl. das Meeting an einen anderen Ort verlegen oder innovative Produkte extern entwickeln lassen (z.b. im InnovationLabBerlin, siehe Seite 44). Den Menschen das Gefühl geben, etwas Wichtiges und Verantwortungsvolles zu tun. Mit Zeitausgleich, mehr Verantwortung, Teamleitung etc. werben. Werbung zielt nicht nur nach außen, sondern auch nach innen.

Aber auch kritische Fragen müssen erlaubt sein und das Infragestellen von Ideen im Gruppendenken des Strategieprozesses. Eine Unkultur ist die Anpassung, das Verschweigen und Verneinen von unerwünschten Wahrheiten endet im Selbstbetrug.

Unternehmensziele, Kundenwünsche, Mitarbeiter: Ein Bermuda-Dreieck?

Oder können Sie schon jonglieren?

Die Umwelt, der Kunde ist das Publikum. Wie stellen wir unsere Produkte unser Unternehmen dar? Es geht nicht mehr nur darum, ein gutes Produkt herzustellen, sondern es zu verkaufen, was besser funktioniert, wenn man einen Namen hat, bekannt ist und einen guten Ruf hat. Das ist das A und O. Und dabei sind die Mitarbeiter, die Teams ein Werbefaktor.

Andererseits sollen und müssen die Teams auch funktionieren im Sinne von Qualität liefern und evtl. gleichzeitig noch Neues entwickeln.
Dabei ist noch der Blick auf die Mittänzer zu richten, die natürlich andere Tanzstile haben. Auf Banken, Gesetze, Zulieferer, Hersteller, Politik etc..
Die Komplexität der Anforderungen der Kunden, des Unternehmens und des Mitarbeiters miteinander in Schwingung zu bringen und zu halten, braucht dann manchmal schon die Kunst des Jonglierens

Ausblick

Viele Themen in dieser kurzen Abhandlung sind verkürzt und hätten es verdient, näher angeschaut zu werden. Ich hoffe, Ihnen einige neue Anregungen für Ihr Unternehmen gegeben zu haben, und wünsche weiterhin viel Spaß beim Tanzen und Jonglieren.

Über die Autorin Andrea Scherding

Andrea Scherding, geboren und aufgewachsen im Ruhrgebiet, verheiratet, zwei Töchter, lebt in Berlin und arbeitet bundesweit. Abschluss als Diplom-Pädagogin an der Universität Dortmund.

Weiterbildungen in Systemischer Organisationsberatung und Coaching beim Institut für Systemische Beratung Berlin und in Systemischer Einzel-, Paar- und Familientherapie, zertifiziert durch die Deutsche Gesellschaft für Systemische Therapie, Beratung und Familientherapie

Berufspraxis als
• Coach,
• Organisationsberaterin,
• Dozentin,
• Therapeutin,
• Sozialarbeiterin

Kontakt
Andrea Scherding
kontakt@as-beratung.org
www.as-beratung.org

Zahlen, Zahlen, nix als Zahlen - und das soll Spaß machen?

von Sabine Weigel

Warum sollte ein Unternehmen seine Zahlen kennen? „Ich bin doch lieber krea-tiv! Für die trockene und lästige Finanzbuchhaltung gibt es doch Dienstleister, die können das besser als ich!" Stimmt! Aber der Steuerberater führt nicht Ihr Unter-nehmen! Entscheidungen über die Ausrichtung des Unternehmens oder welche Effizienzsteigerungen oder technische Neuerungen eingeführt werden sollten, muss der Unternehmer selbst treffen!
Dazu sollten Sie Ihr Unternehmen und die folgenden Aspekte kennen:
- Ziele für das Unternehmen und Strategien zu ihrer Erreichung
- Kenntnis über die wirtschaftliche Situation des eigenen Unternehmens
- Steuerungsinstrumente, die zur Umsetzung der Ziele dienen können
- verborgene Potenziale aufdecken und nutzen
- Transparenz und bessere Kennzahlen für Kapitalgeber (z.B. Rating der Banken)
- Wege zur optimalen Finanzierung und Förderung
Selbstverständlich gehört auch die Kenntnis des Marktes zu den wichtigen Ent-scheidungshilfen für die strategische Ausrichtung.
In diesem Kapitel befasst sich die Autorin mit der Sicht in das Unternehmen hin-ein. Was nutzen die besten Kundenanfragen, wenn sie nicht kostendeckend und mit guter Qualität ausgeführt werden?

Der Weg ist das Ziel – aber ohne Ziel gibt es keinen Weg

Wie sieht die Zukunft meiner Branche aus? Wie groß ist der Kundenmarkt? Was machen die Wettbewerber? Wie kann ich langfristig das Schiff im richtigen Fahr-wasser halten?

„Wer nicht weiß, wo er hin will, darf sich nicht wundern, wenn er woanders an-kommt!" Mark Twain

Jeder Selbstständige sollte strategische Ziele haben, daraus mittelfristige entwi-ckeln und die kurzfristigen Teilziele, um die strategischen in realistischen Schritten zu erreichen.

Ziele formulieren, Strategien entwickeln, Maßnahmen festlegen, Verträge schließen, die die Vereinbarungen als verbindlich niederlegen, das sind solide Voraussetzungen für einen guten Weg zur Erreichung der Unternehmensziele. Alle Beteilig-
ten sollten sich darüber verständigen, dass sie das Gleiche unter den gesteckten
Zielen verstehen und diese mit auf einander abgestimmten Methoden erreichen
wollen.
Transparenz und offene Kommunikation in der Unternehmensführung sind die
wichtigsten Zauberworte für ein solidarisches Miteinander, damit alle an einem
Strang ziehen.

Welche Ziele verfolgen Sie in Ihrem Unternehmen?
Typische wirtschaftliche Ziele für kleine Unternehmen sind: Rendite auf das einge-
zahlte Kapital, Beschäftigung und Arbeitseinkommen für die tätigen Inhaber und
für angestellte Mitarbeiter, also die gemeinsame wirtschaftliche Lebensgrundlage
aller im Unternehmen tätigen Menschen. Darüber hinaus gibt es viele andere Ziele,
die mit Dienstleistung oder Produktion eines Produktes verfolgt werden können.
Dies sind ökologische, gesellschaftspolitische Ziele oder individuelle wie: der Markt-
führer der Branche zu werden oder eine Innovation in der Branche zu etablieren
oder das umweltfreundlichste Unternehmen der Branche zu werden.
Hinter solch hoch gesteckten qualitativen Zielen stecken viele Einzelmaßnahmen.
Sie wirken sich immer auch auf das wirtschaftliche Ergebnis aus!

Finanzplanung – Ihr Navi im Finanzdschungel

Eine gut strukturierte Finanzplanung – das Navi durch den Dschungel zum Ziel!
Nur wenn ich eine gute Planung habe, weiß ich, wie ich an mein Ziel komme. Sie ist
mit dem Handlauf an der Treppe vergleichbar. Oben im Dunkeln liegt das Ziel, die
Planung führt sicher die Treppe hinauf zur Zielerreichung. Sie ist nicht statisch, sondern soll sicher auf dem Weg begleiten.

Eine solide Planung schafft den Durchblick und ist die beste Grundlage für erfolgreiche Unternehmenssteuerung! Was gehört dazu? Wie wird sie strukturiert?
Produkte und/oder Dienstleistungen des Unternehmens, Zusammensetzung und
Kompetenz der Unternehmensführung, Marktperspektiven und Konkurrenzver-
hältnisse sind zu beschreiben und bieten die Basis für die Absatz- und Umsatzplanung, die Finanzplanung und die Art der Unternehmensfinanzierung.

Die Finanzplanung sollte Erfolgs- und Finanzplanungsrechnungen für drei Jahre beinhalten. Grundlage dafür sind folgende Teilpläne:

Investitionsplan[45]:
Es sollte zuerst eine Liste der langlebigen Wirtschaftsgüter erstellt werden, die zu Beginn des geplanten Vorhabens benötigt werden, um es zu realisieren. Dazu zählen die Einrichtung des Büros und ggf. Werkstätten, IT-Ausstattung, Maschinen und Geräte. Diese werden über ihre Nutzungsjahre abgeschrieben. Der jährliche Abschreibungsbetrag ist zu ermitteln, da er zu dem laufenden Betriebsaufwand in der Gewinn- und Verlustrechnung zählt und dadurch das Betriebsergebnis mindert.

Personal(kosten)plan:
Die Planung des erforderlichen Personals bedeutet, sich über benötigte Qualifikationen, Kapazitäten und deren Kosten klar zu werden. Hierzu kann ein Unternehmens-Organigramm aufgestellt werden und darauf aufbauend, wann diese Personen mit welchem Gehalt nebst Arbeitgeberanteilen zur Sozialversicherung und weiterer Versicherungen und Gebühren eingestellt werden.

Sachkostenplan:
Die Sachkosten oder laufenden betrieblichen Gemeinkosten beinhalten alle Positionen die wiederkehrend anfallen, wie z.B. Miete, Versicherungen, Kommunikationskosten, Werbung, KFZ- und Reisekosten aller Art, auch Abschluss- und Beratungskosten sowie alle allgemeinen Verbrauchsmaterialen. Diese und weitere Kostenarten sind monatsgenau zu kalkulieren.

Produktions- und Absatzplan:
Die Kosten haben ja keinen Selbstzweck, sondern sollen der geplanten Wertschöpfung dienen! So sollte zu ihrer Deckung der Absatz der anzubietenden Produkte und Dienstleistungen geplant werden. Die Absatzmenge kann nur auf der Grundlage einer möglichst guten Marktpotential-Analyse ermittelt werden.

Umsatzplan – worst case, normal case und best case Szenarien:
Aus der Absatzmenge ergibt sich gewichtet mit dem Verkaufspreis die Umsatzplanung. Dazu können verschiedene Szenarien aufgestellt werden, um zu sehen, wann sich das Vorhaben lohnt und wann nicht. Das erkennt man am Break-even-point der Rentabilitätsvorschau.

---

[45] Investitionen sind die „langfristige Bindung finanzieller Mittel in materiellen oder in immateriellen Vermögensgegenständen" Gabler Wirtschaftslexikon, wirtschaftslexikon.gabler.de/Definition/investition.html

Rentabilitätsvorschau – monatlich und drei-Jahresübersicht!46

Liquiditätsplan
unter Berücksichtigung von Zahlungsverzögerungen und Umsatzsteuerverbindlich-
keiten und Kapitalbedarfsplan47 können daraus abgeleitet werden

Die Finanzierungsstrategie ist schließlich die Zusammensetzung von Eigenkapital
und benötigten Fremdmitteln aus unterschiedlichen Quellen.

Brauchen Sie eine „Unternehmenssteuerung" für Ihr KMU?

Unternehmenssteuerung –
auch für kleine Unternehmen ein wichtiges Instrument!

Das Unternehmen unter die
Lupe nehmen...48

...oder lieber erst gar nicht so
genau hinsehen???48

Besonderheiten in kleinen und mittelständischen Unternehmen (KMU) sind, dass
sie häufig über geringe personelle und finanzielle Ressourcen verfügen, die Geschäftsleitung stark in das Tagesgeschäft eingebunden ist und sie weniger speziali-
sierte Mitarbeiter haben. Die Geschäftsleitung beherrscht das technische Fachge-

---

46 Siehe dazu den nächsten Abschnitt
47 Zusammensetzung von Investitionen und benötigten Betriebsmitteln für die Anlaufphase
48 Grafiken: Antonia Bartning

biet, hat aber weniger Qualifikation im kaufmännischen Bereich. Das Rechnungswesen erfolgt oft durch externe Dienstleister, was häufig zur Folge hat, dass dem
Unternehmer die Erkenntnis der betriebswirtschaftlichen Situation fehlt, da er sich
auf den Fachmann verlässt, ohne sich die Auswertungen anzuschauen und zu inter-
pretieren.

Potentiale erkennen und aktivieren – so macht die Interpretation der betriebswirtschaftlichen Auswertungen Spaß! Das Controlling liefert die Daten und Analysen
für das Management – das muss Maßnahmen festlegen und umsetzen!

Nun sagen Sie: "Ich bin doch für alle Bereiche zuständig! So kenne ich doch meine
Aufträge, weiß doch, was ich verdiene!" Wirklich?
Beim Eiskunstlaufen gibt es Pflichtübungen und die Kür. Pflichtübungen muss jeder
können und sie werden mit strengen Maßstäben geprüft. Macht das Spaß? – Sicher
nicht besonders, aber es muss als Fertigkeit geübt werden und ist Voraussetzung
für eine gekonnte Kür! Die Figuren und Sprünge sind eine Augenweide. Sie beruhen
auf den Pflichtübungen, daher kommt die Präzision!

So kann auch Unternehmenssteuerung Spaß machen, wenn die Interpretation der
Zahlen einmal eingeübt ist!
Sicher haben Sie sich schon folgende Fragen gestellt:
Wie wirken sich Investitionen, Kreditaufnahme, Kostensteigerungen, z.B. durch
Marketingmaßnahmen oder Personalveränderungen auf die *Erträge*, die *Vermö-
genssituation* und die *Kostenstruktur* Ihres Unternehmens aus? Wie beeinflussen
betriebswirtschaftlich relevante Unternehmensentscheidungen den *Cashflow* und
die Liquidität?

Wie soll ich meine Aufträge kalkulieren?
Wo erhalte ich die benötigten Informationen?
Wie kann man das Ergebnis steuern?

Instrumente zur Kenntnis der wirtschaftlichen Situation des Unternehmens nutzen:
• Produkt- und Leistungsportfolio überprüfen
• Analyse der Geschäftsprozesse und -abläufe und der Personalstruktur und -qua-
  lifikation
• Höhere Transparenz und bessere Kennzahlen auch für externe Kapitalgeber (z.B.
  Rating der Banken).
• Analyse der Kundenbeziehungen, um die Dienstleistung zu verbessern

Hierzu bedarf es unterschiedlicher Controlling-Instrumente!
Es sind zu unterscheiden:
1. strategische und damit langfristige Instrumente
   Beispiel: die Balanced Scorecard[49] mit der Festlegung *strategischer Ziele* in unterschiedlicher Sicht auf das Unternehmen:

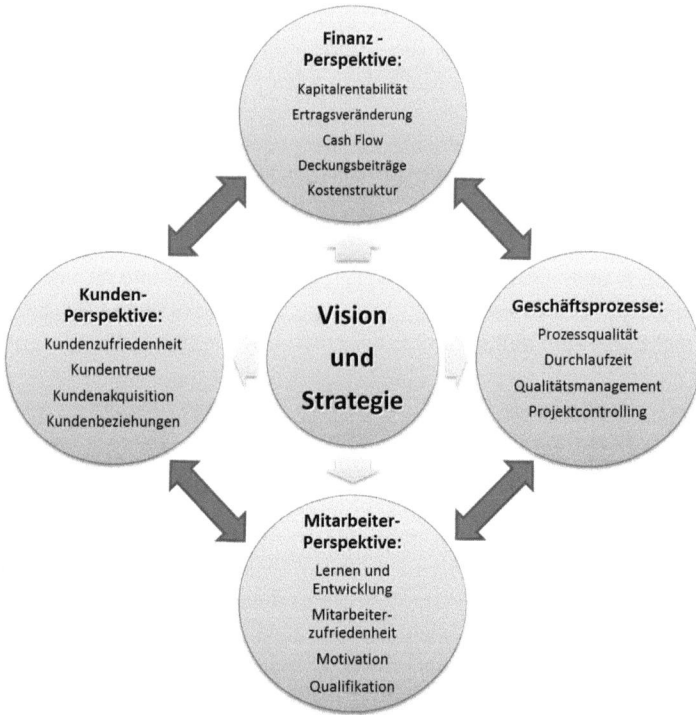

Abbildung 15 Schema der Balanced Scorecard

Das Modell zeigt, dass alle sogenannten Perspektiven eng zusammenhängen und sich gegenseitig bedingen. Daraus wird eine strategische Planung erstellt,

---

[49] Die Balanced Scorecard ist ein Verbindungsglied zwischen Strategiefindung und -umsetzung. In ihrem Konzept werden finanzielle Kennzahlen durch eine Kunden-, eine interne Prozess- und eine Lern- und Entwicklungsperspektive ergänzt, entwickelt von den US-Amerikanern R.S. Kaplan und D.P. Norton in den 90er Jahren.

auf deren Grundlage die Steuerung der Umsetzung der gesteckten Ziele erfolgen kann. *„Balanced scorecard is management, not measurement"[50]*
Zur Nutzung strategischer Instrumente werden auch operative Instrumente benötigt. Das ist häufig nicht voneinander zu trennen.

2. operative Controlling-Instrumente, z.B.: Kennzahlen aus betriebswirtschaftlichen Auswertungen und die Nachkalkulation von Aufträgen und Projekten
Auch für die Steuerung anhand der betriebswirtschaftlichen Zahlen gilt die Forderung klarer Zielvorstellungen, denn:

Kennzahlen können weder das Unternehmen steuern noch die Arbeit organisieren, dazu brauchen wir immer noch Menschen!

Die *Entwicklung* des wirtschaftlichen Erfolges kann in der *Gewinn- und Verlustrechnung* analysiert werden, ein Instrument, das jedes Unternehmen hat! Machen Sie aus der Pflicht Ihre Kür!

```
  Umsatz
- Warenlieferungen & Fremdleistung
= Rohertrag
- Personalkosten
- Sachgemeinkosten
- Abschreibung auf Sachanlagen
- Finanzierungskosten
= Betriebsergebnis
  (Gewinn oder Verlust)
```

Abbildung 16 Gewinn- und Verlustrechnung – zusammengefasstes Schema

Die Entwicklung des Vermögens und der Finanzierungsstruktur lassen sich aus der *Bilanz, der Bestandsaufnahme zu einem Stichtag,* ermitteln, ebenso wie die Liquiditätssituation des Unternehmens.

---

[50] Vgl. *Kaplan, R., Norton, D., 1997, S18*

Aktiva - Mittelverwendung	Passiva - Mittelherkunft
Anlagevermögen	**Eigenkapital**
- Gebäude	- Stammkapital
- Maschinen	+/- Gewinn / Verlust
- Beteiligungen	- Rücklagen
Umlaufvermögen	- Gesellschafterdarlehen
	Fremdkapital
- Bargeld + Bankguthaben	- langfristige Darlehen
- Warenbestand	- Rückstellungen
- Unfertige Arbeiten	- kurzfristige Verbindlichkeiten
- Forderungen	
Bilanzsumme	**Bilanzsumme**

Abbildung 17 Bilanz-Schema

Die Ermittlung der Analyse der betriebswirtschaftlichen Auswertungen ist der erste Schritt des Controllings. Die daraus folgenden sind:

• Es müssen Schlüsse für die Organisation gezogen werden.
• Abläufe und Prozesse sollten überprüft und ggf. verändert werden.
• Aus einer Schwachstellenanalyse können dann Ziele für eine strategische Ausrichtung und Planung abgeleitet werden.
• Zuständigkeiten und die Aufbauorganisation sind evtl. zu überdenken.
• Das operative Kennzahlen-Controlling ist die Grundlage für Prozessoptimierungen, aber noch keine Lösung.

Ein Handvoll Kennzahlen für den Chef – das reicht!

Wesentliche Kennzahlen aus Bilanz und GuV sind die, aus denen sich Aussagen über die Rentabilität, die Liquidität, die Vermögensverhältnisse und die Wirtschaftskraft des Unternehmens treffen lassen.

Es sind quantitative Kennzahlen, die durch qualitative ergänzt werden sollten. Absolute Werte sind Basis- oder Grunddaten des Unternehmens, z.B. Umlaufvermögen, Umsätze, Personalkosten, Einzahlungen. Diese Werte können oft direkt den betriebswirtschaftlichen Auswertungen entnommen werden oder durch Addition oder Subtraktion erhalten werden (z.B. Betriebsergebnis oder Cash Flow). Es

handelt sich nicht nur um monetäre Größen, auch die Anzahl der Mitarbeiter und die Anzahl der angebotenen Produkte sind absolute Kennzahlen.
Relative Werte (Verhältniszahlen) sind Gliederungszahlen. Sie bilden die Relation zwischen einer Teilgröße und der dazugehörigen Gesamtgröße wie zum Beispiel:
*Eigenkapitalquote = Eigenkapital / Gesamtkapital * 100*
oder
*Umsatzrentabilität = Betriebsergebnis / Umsatz * 100*
(Siehe dazu GuV und Bilanz-Schema ab Seite 117).

Bei Beziehungszahlen wird eine Relation zwischen zwei Größen gebildet, die nicht in Beziehung zu einander stehen, jedoch einen kausalen Zusammenhang haben.
Z.B.: *Deckungsgrad I = Eigenkapital / Anlagevermögen * 100*
Um aus den Kennzahlen die richtigen Schlüsse für die Zukunft des Unternehmens abzuleiten, ist es notwendig, sich mit den Instrumenten der Steuerung im Unternehmen auseinanderzusetzen. Dadurch erkennt man, welches Instrument welche Ergebnisse liefert und an welcher Stelle Veränderungen sinnvoll sind.

(Zu)viel Zahlensalat für Ihre kleine Firma?

Mit einer Kostenrechnung können Kostenstruktur und die Effizienz einzelner Unternehmensbereiche oder Arbeitsplätze analysiert werden. So können Sie Ihre kostengerechten Stundensätze ermitteln. Im Gegensatz zur vorgeschriebenen und gesetzlich festgelegten Finanzbuchhaltung ist jeder in der Strukturierung seiner Kostenrechnung frei, sie ist die Kür!

Es sollte nur so detailliert in Kostenstellen aufgeteilt werden, wie es dem Unternehmen nutzt, Kostenzuordnung und Kalkulation sinnvoll durchzuführen.
Auf folgende Fragen gibt die Kostenrechnung Antworten:
• Kostenarten – die Kostenkonten in der Finanzbuchhaltung: Welche Kosten sind angefallen?
• Kostenstellen – Arbeitsbereiche / -plätze: Wo sind Kosten angefallen?
• Kostenträger – Aufträge: Wofür sind Kosten angefallen?

Es wird nach Zurechenbarkeit der Kostenarten auf den Kostenträger entschieden: Einzelkosten (Material, Fremdleistungen ...), Personalkosten, Gemeinkosten (Verwaltungskosten, Strom-und Heizkosten ...).
Diese Kosten werden auf die Endkostenstellen verrechnet, dafür gibt es unterschiedliche Verrechnungsschlüssel.

Die Kostenstelle ist ein rechnungstechnisch abgegrenzter betrieblicher Teilbereich, in dem Kosten entstehen und dem Kosten zugeordnet werden können. Man unterscheidet:

- Allgemeine Kostenstellen *(Hausmeister, Kantine)*
- Materialkostenstellen *(Einkauf, Lager, Materialannahme)*
- Fertigungskostenstellen *(Produktionsbereiche, Maschine)*
- Verwaltungskostenstellen *(Geschäftsleitung, Rechnungswesen, Organisation, PR)*
- Vertriebskostenstellen *(Marketing, Kundendienst, Warenlager, Versand)*

Kriterien für die Bildung von Kostenstellen sind ein organisatorisch selbständiger Verantwortungsbereich, räumliche Nähe, administrativ akzeptabler Aufwand.
Es sollte eine unternehmensspezifische Kostenstellengliederung erfolgen!
Die Unterteilung erfolgt in so genannte Vorkostenstelle oder Umlagekostenstelle und End- oder Produktionskostenstelle. Die Kosten der Vor- bzw. Umlagekostenstellen werden auf die End- bzw. Produktionskostenstellen umgelegt, da diese die Wertschöpfung erbringen.
Die Platzkostenrechnung ist die weitest gehende Gliederung einer Abteilung in Kostenstellen, die über funktionale, personale oder lokale Aufteilungen der Bereiche hinausgeht und einzelne Maschinen, Maschinengruppen oder Arbeitsplätze als eigene Kostenstellen definiert.
Die Summe der Kosten einer solchen Kostenstelle bezeichnet man als Platzkosten.
Aufgabe der Platzkostenrechnung ist die Ermittlung der Kosten für eine Zeiteinheit (meist Std.) pro Arbeitsplatz / Maschine.
Das Ergebnis sind die Platzkosten pro Zeiteinheit (z. B. 65 €/ h am Arbeitsplatz). Sie dienen als Grundlage zur Ermittlung eines kostenorientierten Preises, der Kalkulationsgrundlage.

Was darf ich für meinen Auftrag nehmen?

„Was soll ich dafür verlangen? Wie kalkuliere ich denn richtig? Woher soll ich wissen, wie lange der Auftrag dauert? – Oder nehme ich einfach einen niedrigeren Preis als der Wettbewerber?"

Welche Kostenträgerrechnungssysteme gibt es?
- Normalkostenrechnung (Angebotskalkulation)
  - geht von durchschnittlichen Ist-Kosten der Vergangenheit aus

* Plankostenrechnung
  – zukunftsorientierte analytische Ermittlung der Kosten anhand von techni-
  schen Berechnungen und Studien

Womit wird kalkuliert? Mit historisch gewachsenen Stückpreisen für Arbeitsgänge
und ihrer Kombination? Oder orientiert an Konkurrenzpreisen? Oder auf der
Grundlage eigener Stundensätze und Leistungsermittlungen?

Was wird kalkuliert? Nur die Fertigungszeit oder auch die Organisationszeit (Pro-
zesskosten), die Beratungszeit und Servicezeiten? Je besser die eigenen Kosten und
Leistungen ermittelt und aufwandsgenau in die Kalkulation einbezogen werden,
umso genauer wird die Kalkulation des Auftrages.

Ca. 1/3 der Gesamtzeit sind Gemeinkostenleistung nach üblicher Betriebskalkula-
tion in produzierenden Gewerben! Das sind Aufwendungen, die häufig als prozen-
tualer Aufschlag gerechnet werden. Es kann zu groben Verzerrungen führen, wie
das folgende Beispiel zeigt:
Ausgangslage: Preis für Beratung und Konzeptentwicklung liegt unter den eigenen
Kosten, es wird ein zu geringer Zeitaufwand kalkuliert, Preis für die Leistungserstel-
lung ist *hoch*, liegt über den Kosten.
Folge: Das Unternehmen erhält *überwiegend* Aufträge mit hohem Konzeptaufwand
und standardisierter Umsetzung und kann damit nicht wirtschaftlich arbeiten.
Die Angebotskalkulation sollte auf der Grundlage der eigenen Stundensätze erfol-
gen! Diese sind zuerst nach folgenden Schritten zu ermitteln.
* Kostenstellen definieren mit Anlagen, Personalkapazität versehen
* Anteil Fertigungszeit definieren
* Gemeinkosten und Finanzierungskosten umlegen

Vor der Leistungserstellung ist die Höhe der Kosten abzuschätzen:
* Einzelkosten durch realistische Bewertungen der Verbrauchsmengen möglichst
  genau bestimmen

Die Leistungswerte:
* Die Dauer von Arbeitsgängen festhalten, z.B. Auftragsbesprechung, Ist-Analyse,
  Datenbearbeitung, technische Lösung bearbeiten, Inhalte einpflegen
* Den Mittelwert errechnen und Zeitwerte festlegen

Viel Arbeit und nix bleibt hängen?

Die Nachkalkulation sollte erfolgen, um zu erkennen, ob die Annahmen der Angebotskalkulation so eingetroffen sind. Wenn nicht müssen die Kostenfresser identifiziert werden. Häufig ist mehr Zeit in den Auftrag investiert worden als geplant – warum?

Die Ist-Kostenrechnung (Nachkalkulation) erfasst die tatsächlichen Kosten, entweder in der auftragsbezogenen Nachkalkulation:
• Wie lange dauerte der Auftrag bei den verschiedenen Fertigungsschritten?
• Was war kalkuliert? Soll-/Ist-Vergleich

Vorteile:
Fehler in der Kalkulation oder Abwicklung einzelner Aufträge werden erkannt

Nachteile:
Arbeitsaufwendig bei Erfassung und Auswertung
• nur mit EDV-Unterstützung und Nachkalkulation aller Aufträge auch Information über Kostenstellenergebnisse
• bei kleinen Unternehmen keine Arbeitskapazität für vollständige Nachkalkulation
• keine EDV-Unterstützung für Kostenstellenergebnisse

oder in der kostenstellenbezogenen Nachkalkulation:
• Welche Fertigungsleistung in Euro pro Stunde, Tag... wurde an der Kostenstelle XY... erbracht?
Vorteile: Aussage über *Kostenstellenerfolg*
• Systematische Ermittlung von Schwachstellen und ihrem Gewicht mit geringem Aufwand möglich

Nachteile: Schwachstellen und Fehler der Einzelkalkulation oder Fertigung müssen durch Stichproben ermittelt werden oder werden nicht gefunden.
Die kostenstellenbezogene Nachkalkulation wird zunächst vorgezogen. Sie sagt nämlich am meisten über die Qualität der Geschäftsprozesse aus!

Zeit ist Geld! – Dann arbeiten Sie doch weniger!

Wie kann ich die Zeit effizienter nutzen? Selbstständige investieren jede Menge Zeit in ihr Unternehmen, oft ohne diese als Arbeitszeit zu „verbuchen" und von Freizeitaktivitäten abzugrenzen. Das ist ja nicht schlimm, wenn einem die Arbeit Spaß macht. Nur wenn es dazu führt, dass mit der Arbeit zu wenig Geld verdient wird aus den oben genannten Gründen zu geringer Produktivität oder ineffizienter Abläufe oder weil Selbstständige häufig alles selbst erledigen, auch Aufgaben, die gut an andere delegiert werden können, dann sollten Sie sich über die Arbeitsorganisation Gedanken machen.

Gutes Zeitmanagement und Arbeitsteilung können die Effizienz steigern und Zeit freisetzen, die Sie für andere Aktivitäten nutzen können. Kein Mensch kann alles gleich gut und so kann es auf Dauer kostensparend sein, durch Teamerweiterung oder mit der Einstellung von Mitarbeitern mehr Aufträge in besserer Qualität auszuführen.

Gönnen Sie sich das Know How anderer!
Dazu sind die Wertschätzung gegenüber den Mitarbeitern und die Anerkennung ihrer Fähigkeiten sehr wichtig. Ebenso ist gutes Management des Unternehmens erforderlich. Transparente Strukturen und gute offene Kommunikation unter den Mitarbeitern und mit der Unternehmensleitung führen zu Mitverantwortung und Freude an guten Ergebnissen, die *gemeinsam* erreicht wurden!

Dies lässt sich noch verstärken, indem die Mitarbeiter am Erfolg beteiligt werden. Anreize für verantwortliches Miteinander sind häufig das Rezept für hohe Mitarbeitermotivation und dadurch Produktqualität! Hier greift wieder die gemeinsame Zielsetzung und Festlegung der Umsetzungsstrategie für das Unternehmenskonzept.

Auch diese Anforderungen an den Unternehmensalltag kosten Kraft und Zeit, lohnen sich aber auf lange Sicht und setzen Zeit frei für Erholung – oder neue kreative Ideen!

... und wenn ich neue Wege gehe, wie soll ich das finanzieren?

Für die Finanzierung der Umsetzung kreativer innovativer Ideen oder auch nur zur Erweiterung des Marktes gibt es verschiedene Möglichkeiten und in der Regel ist es ein Mix aus mehreren Finanzierungsquellen.

Die erste Voraussetzung für eine ausgewogene Finanzierung ist die wirschaftlich stabile und nachvollziehbar rentable wirtschaftliche Situation des Unternehmens. Die Wege, wie diese erlangt werden kann, wurden in den bisherigen Abschnitten erläutert.

Mit einem guten Konzept für die Neuausrichtung und eine nachvollziehbare Planrechnung lässt sich dann fast jeder Geldgeber überzeugen! Wichtig ist es, demjenigen, der Ihnen die Finanzierung ermöglichen soll, zu zeigen, dass Sie Ihr Geschäft verstehen und die Investitionen in die Zukunft in absehbarer Zeit rentabel sein werden.

Wie kann nun so ein Finanzierungsmix aussehen? Meist ist es ein Mix aus mehreren Bestandteilen: Eigenkapital verschiedener Quellen, Investorenbeteiligung in unterschiedlicher Form, eigenkapitalergänzende, nicht rückzahlbare Zuschüsse, Förderdarlehen des Bundes und der Länder, Betriebsmittelkredite der Hausbank. Manche lassen sich kombinieren, andere nicht. Es sind immer Voraussetzungen und Bedingungen zu prüfen, um die passende Finanzierung zu erhalten.

Erzielung fundierter Unternehmensentscheidungen auf allen Gebieten des Unternehmens bringt Sie zum Erfolg!

Kenntnis des Marktes:
• Verschärfter Wettbewerb erfordert gute Kenntnis über die Wettbewerber und die eigene Situation in der Branche
• Geschäftsbereiche mit gutem Marktpotential stärken

Kenntnis der eigenen Qualifikationen und der verborgenen Potenziale:
• Stärken der Mitarbeiter aufdecken, Ressourcen und Potentiale nutzen

Organisationsstruktur und Geschäftsprozesse kennen und verbessern:
• Betriebswirtschaftliche Zahlen als Steuerungsinstrument nutzen
• Verbesserung des Führungssystem und der betrieblichen Abläufe

Über die Autorin Sabine Weigel

Geboren in Nordrhein-Westfalen studierte Sabine Weigel Volkswirtschaftslehre in Freiburg, Münster und Berlin.

Von 1986 bis 1995 war sie als tätige Gesellschafterin einer Druckerei verantwortlich für Finanzverwaltung und Controlling.

Seit 20 Jahren ist sie selbstständige Unternehmensberaterin, beteiligt an der Entwicklung innovativer Konzepte für transparente Unternehmensführung und Kooperationen. In der Beratung von Klein- und Mittelbetrieben zu Themen von der Gründung bis zur Nachfolgeregelung liegt der Fokus auf den oben genannten Fragestellungen.

Sie ist seit 2001 als Lehrbeauftragte an der Beuth Hochschule für Technik Berlin und seit 2000 gut vernetzt in der Gründerförderung Berlin / Brandenburg.

Sie hat zwei erwachsene Kinder.

Kontakt
Sabine Weigel
sweigel@weigel-beratung.com
www.weigel-beratung.com

11 Schön ist es auf der Welt zu sein – wenn die Sonne lacht …

Von Jürgen Schanze

Die meisten Menschen haben eine positive Grundeinstellung zum Leben. Und das ist gut so.
Das Leben ist aber nicht nur Sonne. Es gibt auch Schatten, Regen, Sturm und Hagel. Und es ist immer gut, wenn man darauf vorbereitet ist. Eine Jacke schützt uns davor, nass zu werden, eine dicke Jacke hält uns warm und eine sichere Unterkunft behütet uns vor Unwetter. Eine vernünftige Vorbereitung auf die Eventualitäten des Lebens gibt Sicherheit, macht uns stärker und stabiler und lässt die Sonne lachen.
Hier einige Gedanken, Anregungen und Tipps für Freelancer zur vorausschauenden Absicherung unterschiedlicher Situationen unseres Lebens.

… nach mir die Sintflut: Wozu brauch ich einen „Notfallkoffer"?

Viele Unternehmen, insbesondere inhabergeführte und Familienbetriebe sind in den meisten entscheidenden Fragen auf die Person ihres Chefs zugeschnitten und oft auch von seiner Anwesenheit abhängig. Ist der Chef mal in Urlaub, so ist der normale Betriebsablauf in der Regel abgesichert. Die wichtigsten Entscheidungen sind im Vorfeld getroffen und die anderen Fragen können warten bzw. man ist ja heute überall und zu jeder Zeit erreichbar.

Wie sieht es aber schon bei längerer Krankheit, bei Unfall oder sogar bei Tod des Unternehmers aus? Dann läuft das Unternehmen schnell unrund und es kann sogar zum Betriebsstillstand kommen.

Hier greift die Verantwortung des Unternehmers für das Ganze. Er ist verantwortlich, dass der Betrieb seine Geschäftstätigkeit aufrechterhalten kann, er trägt die Verantwortung für seine Mitarbeiter und im Privatbereich für seine Familienangehörigen, insbesondere wenn davon die gesamte wirtschaftliche Existenz der Familie abhängt. Hier sind organisatorische und finanzielle Vorkehrungen sowie vertragliche Regelungen und entsprechende Willenserklärungen erforderlich.

Die sogenannten „Kleinigkeiten" führen dann oft zu fatalen Folgen. Eine fehlende Bankvollmacht kann schnell finanzielle Handlungsunfähigkeit bringen – und das bei Tod – bis zur Erstellung des Erbscheins. Kein Zugang zur Datenbank, zu wichtigen betrieblichen Informationen kann fundierte Betriebsentscheidungen unmöglich machen. Betriebe ohne Handlungsbevollmächtigte sind dann handlungsunfähig.

Jeder Unternehmer sollte sich, wenn er es noch nicht getan hat, u.a. nachfolgende Fragen stellen:

- Was wären die Konsequenzen eines längeren Ausfalls meiner Person für die Existenz meines Unternehmens?
- Kann mein Unternehmen beim plötzlichen Ausfall meiner Person überleben? Bin ich mir der Konsequenzen bewusst?
- Ist meine Familie in solch einem Fall ausreichend finanziell abgesichert?
- Liegt ein Testament vor? Wenn ja, wird es in regelmäßigen Abständen aktualisiert?
- Sind dabei die Aussagen eindeutig und vermeiden sie den Streit zwischen den Erben?
- Habe ich meinen Steuerberater dazu konsultiert?
- Wer vertritt mich bei einem schweren Unfall oder sogar bei plötzlichem Tod? Hat er dann die entsprechenden Vollmachten und weiß er, was zu tun ist? Gibt es zum Beispiel eine Kontrollliste für solch einen Fall?
- Habe ich schon mal über die Fortführung des Unternehmens nachgedacht? Gibt es schon konkrete, festgehaltene Vorstellungen zur Nachfolge?
- Wo sind die benötigten Unterlagen griffbereit gelagert, dass auch meine Vertrauensperson dazu Zugriff hat? Vielleicht bei meinem Steuerberater!?

Gehören Sie nun zu denen, die sich gemütlich zurücklehnen können, dann Gratulation! Besteht aber noch Handlungsbedarf? Dann schieben Sie es auf jeden Fall nicht auf die lange Bank und packen Sie den auf Sie zugeschnittenen „Notfallkoffer".

Krankheit? Kein Problem – kann ich mir sowieso nicht leisten!

„Die Arbeitskraft des Selbstständigen/Freelancers ist sein wichtigstes Kapital. Kann er durch Krankheit oder Unfall seiner Tätigkeit nicht mehr nachgehen, versiegt da-

mit in vielen Fällen auch seine Einnahmequelle. Hat er für solche Fälle nicht vorge-
sorgt, sind finanzielle Verluste, Einschnitte im Lebensstandard und im schlimmsten
Fall die Bedrohung der Existenzgrundlagen die Folge".[51]

Lassen Sie mich nachfolgende wahre Geschichte erzählen. Ich lernte 2008 einen
Physiotherapeuten kennen, der schon seit Anfang der 90er Jahre in seinem Beruf
als Freelancer erfolgreich seine Praxis betrieb. Nennen wir ihn „Herrn K.". Krankenversicherung war für ihn eine nutzlose Geldausgabe, Absicherung gegen die Folgen
einer Berufsunfähigkeit ein rotes Tuch. Seine Argumentation beruhte auf einem
minimalen Risiko des Krankwerdens und auf Selbstheilung.

Im März 2010 wurde Herr K. krank. Dicke Beine (Ödeme) war die Selbstdiagnose:
„Kein Problem, das kriege ich selber hin". Die Devise: Wozu sollte man auch Geld
vergeuden? Das zog sich so bis November desselben Jahres hin.
Trotz Selbstheilung wurden die Beschwerden größer. Herrn K. wurde klar, er muss
ins Krankenhaus. Die Frage war für ihn nur noch, wann. Die Selbstbeteiligung für
die private Krankenversicherung für dieses und das nächste Jahr auszugeben, sah
er nicht ein. Also bis Januar durchhalten!
Am 1. Januar wurde Herr K. ins Krankenhaus, auf die Intensivstation eingewiesen.
Er schwebte eine Woche in Lebensgefahr, wurde nach einem halben Jahr berufs-
unfähig und lebt heute mit einem stark geschwächten Herz, ohne je eine Chance
zu haben, wieder auf die Beine zu kommen und sein altes Leben fortzuführen.

Mein Tipp, sparen Sie nicht an der falschen Stelle. Lassen Sie sich von einem Ver-
mögensberater/Finanzdienstleister Ihres Vertrauens langfristig begleiten. Betrachten Sie ihn als Ihren Hausarzt auf diesen Gebieten. Passen Sie die Krankenversicherung, ob privat oder freiwillig gesetzlich, die Berufsunfähigkeit und die Unfallabsi-
cherung Ihren realen Bedürfnissen angemessen an.
Gehen Sie nicht den Weg des Herrn K. und packen Sie auch hier verantwortungs-
bewusst Ihren Notfallkoffer!

Vorsorgen? Nein Danke! Es gibt doch Hartz IV....

Heute sind laut dem Statistischen Bundesamt in Deutschland rund 4,4 Millionen
Menschen selbstständig. Das sind alles Unternehmer, Freiberufler, die nach einem

---

[51] abc-Verlag „Mehr Geschäftserfolg durch Dienstleister" Seite 235, Raimund Rolfs & Bernd Müller

arbeitsreichen Leben die Freuden des Alters und der Langlebigkeit genießen wollen. Die Grundlagen dafür werden in unserem Arbeitsleben gelegt. Je früher man damit anfängt umso besser ist es.

Erschreckend dagegen ist die Realität. Laut Focus Money online vom 14.11.2013 investiert jeder vierte Selbständige nicht in eine private Altersvorsorge. Meine Erfahrungen als Vermögensberater zeigen leider, dass die Investitionen, die getätigt werden, oft nicht den Erfordernissen der Rentenzeit entsprechen und viel zu spät beginnen. Sie haben sich sicherlich auch schon bei diesem Thema von Gedanken leiten lassen, wie „Ich investiere ins Unternehmen, mehr kann ich mir nicht leisten" oder „Ich habe keine Zeit, mich damit zu beschäftigen, ich lebe jetzt und hier" oder „Andere Sachen sind jetzt wichtiger"!

Ist das nicht doch etwas verantwortungslos sich selbst gegenüber? Droht hier nicht die eigene Altersarmut?
Jeder Angestellte in Deutschland ist 2015 im Regelfall verpflichtet 9,35 % vom Bruttoeinkommen in die gesetzliche Rentenversicherung abzuführen. Der Arbeitgeber zahlt dazu den gleichen Anteil ein.

Die Beitragsbemessungsgrenze, die regelmäßig angepasst wird, beträgt dabei zurzeit für die alten Bundesländer 72.600 € und für die neuen Bundesländer 62.400 € Jahresbruttoeinkommen. Ferner wird in jeder Renteninformation der Deutschen Rentenversicherung Bund auf den zusätzlichen Vorsorgebedarf hingewiesen. Da heißt es: „Da die Renten im Vergleich zu den Löhnen künftig geringer steigen werden und sich somit die spätere Lücke zwischen Rente und Erwerbseinkommen vergrößert, wird eine zusätzliche Absicherung für das Alter wichtiger („Versorgungslücke"). Bei der ergänzenden Altersvorsorge sollten Sie – wie bei Ihrer zu erwartenden Rente – Kaufkraftverluste beachten."

Haben Sie schon mal für sich den Vergleich gezogen, was Sie für Ihren „3. Lebensabschnitt" tun? Ist das ausreichend, um sorgenfrei alt zu werden? Oder setzen Sie ernsthaft auf Hartz IV?

Mein Ratschlag: Erarbeiten Sie sich auf der Grundlage Ihrer Ziele und Wünsche ein nachhaltiges **Vermögensaufbaukonzept** für Ihre persönliche Altersvorsorge. Nutzen Sie dabei die fachliche Kompetenz des Beraters Ihres Vertrauens. Bauen Sie es flexibel auf und passen Sie es regelmäßig Ihren Bedürfnissen und Möglichkeiten an. Sie können auf einen ausreichenden Fundus an Lösungsvarianten zurückgreifen. Ob

Basisrente (auch Rürup-Rente genannt), Renten- und Lebensversicherungen, Immobilienerwerb, Investmentfonds, Bank- und Bausparverträge oder Festgeldanlagen, unter Berücksichtigung Ihres persönlichen Risikoprofils werden Sie abgesicherter Ihr Rentenalter erreichen.

Wir arbeiten immer zum Nutzen des Kunden – Warum Haftpflicht?

„Es wäre fahrlässig, wenn man als Unternehmer die möglichen Gefahren durch Schäden an den vorhandenen Vermögenswerten nicht kalkulieren und absichern würde. Dabei bewegt man sich unweigerlich in dem Spannungsrahmen: was muss abgesichert werden, was kann abgesichert werden und welches Risiko kann man auch billigend in Kauf nehmen?

Bevor man sich mit dem Thema der konkreten Versicherungen beschäftigt, sollte jedoch zuerst einmal die Frage beantwortet werden: Was kann ich als Unternehmer persönlich tun, um mögliche Schäden von vornherein abzuwenden oder die Gefahr eines solchen Schadens so weit wie möglich zu reduzieren. Dabei geht es um Sorgfaltspflicht, Folgenvoraussicht und natürlich die notwendigen Investitionen in adäquate Sicherungssysteme.

Für alle Freelancer und besonders für Existenzgründer empfiehlt es sich, zu diesen existentiellen Fragen, professionellen fachlichen Rat einzuholen. Jeder Unternehmer sollte die möglichen Risiken seines Unternehmens sorgfältig analysieren und klassifizieren. Folgende Risikogruppen können dabei für die Klassifizierung der Risiken zu Grunde gelegt werden:
1. Risiken, die vermeidbar sind, z.B. durch geeignete Schutzmechanismen zur Verhinderung von Einbrüchen;
2. Risiken, die reduziert werden können, z.B. durch den Einsatz einer Firewall in IT-Systemen;
3. Risiken, die auf andere übertragen werden können, z.B. Warentransporte oder Forderungsmanagement;
4. Risiken, die die Existenz bedrohen, z.B. Haftungsansprüche;

Ein Unternehmen zu gründen und zu führen bedeutet, Risiken bewusst einzugehen und diese effektiv zu managen. Geschieht dies mit Engagement, Know-how und Verantwortung, bietet sich eine ausgezeichnete Chance für unternehmerischen Erfolg".

„Ein Unternehmer haftet grundsätzlich für alle Schäden, die er oder seine Mitarbeiter im Rahmen der beruflichen Tätigkeit schuldhaft Dritten zufügen. Aufgabe der Haftpflichtversicherung ist es, den Unternehmer von Schadensansprüchen freizustellen, die aufgrund der gesetzlichen Haftpflichtbedingungen von einem Dritten gegen ihn erhoben werden. Dabei prüft der Haftpflichtversicherer den Anspruch des Geschädigten auf Ersatzpflicht. Liegt ein begründeter Anspruch vor, zahlt die Haftpflichtversicherung im Rahmen des vereinbarten Deckungsumfangs. Ungerechtfertigte Schadensansprüche werden von der Versicherung abgewehrt.[52]

Zur Absicherung des Unternehmens sind nachfolgende Versicherungen nennenswert.

Eine **Betriebshaftpflicht-Versicherung** ist für Firmen, Unternehmen, Selbstständige und Freiberufler eine der wichtigsten betrieblichen Versicherung überhaupt. Ein derartiger Vertrag mit ausreichendem Deckungsumfang sollte daher in keinem Betrieb fehlen."

„Berufsgruppen mit besonderer Verantwortung sind zum Abschluss einer speziellen Berufshaftpflichtversicherung angehalten oder sogar verpflichtet. Dazu gehören Architekten, Steuerberater, Anwälte, Ärzte. Diejenigen, die begutachtend, prüfend, verwaltend, vollstreckend, beurkundend und/oder aufsichtsführend tätig sind (Finanzdienstleister, Immobilienmakler usw.), sichern sich über eine gesonderte Vermögensschadenshaftpflichtversicherung gegen Schadensersatzansprüche Dritter aus Vermögensschäden ab."[53]

Zum Erhalt und zur Sicherung von Eigentum ist eine Betriebs- und Sachinhaltsversicherung wichtig. Hierdurch „... können die vorhandenen Vermögenswerte gegen die grundsätzlichen Gefahren Feuer, Einbruchdiebstahl, Leitungswasser und Sturm/Hagel abgesichert werden, Deckungserweiterungen können unter anderem zu Transportgefahren, Beraubung, Technikgefahren sowie zu Beschädigungen, die durch innere Unruhe, böswillige Beschädigungen, Streik, Aussperrung, Fahrzeugaufprall, Rauch und Überdruckwellen hervorgerufen wurden, vereinbart werden. Da die o.g. Schäden oftmals dazu führen, dass der normale Betrieb nicht fortgesetzt werden kann und damit drastische Einkommensverluste verbunden sein können, empfiehlt es sich, die Betriebsinhaltsversicherung mit einer Ertragsausfall-/Betriebsunterbrechungsversicherung zu kombinieren."[54]

---

[52] abc-Verlag „Mehr Geschäftserfolg durch Dienstleister" Seite 240, Raimund Rolfs & Bernd Müller
[53] abc-Verlag „Mehr Geschäftserfolg durch Dienstleister" Seite 242, Raimund Rolfs & Bernd Müller
[54] abc-Verlag „Mehr Geschäftserfolg durch Dienstleister" Seite 241, Raimund Rolfs & Bernd Müller

Die Notwendigkeit weiterer Absicherungen wie der Glasversicherung, Elektronik-versicherung, Forderungsausfallversicherung und der Rechtsschutzversicherungen, sind durch den Unternehmer gewissenhaft zu prüfen.

Schnüren Sie auch hier Ihr Paket und stellen Sie es regelmäßig (jährlich) auf den Prüfstand um es der Entwicklung des Betriebes anzupassen.

Mit Hartz IV in Rente: Sehen das Ihre Mitarbeiter auch so?

Eine der wichtigsten Aufgaben für einen Unternehmer ist es, ein eingeschworenes Team zu schaffen, Mitarbeiter heranzuziehen, die bereit sind, sich engagiert in den Betrieb einzubringen, Verantwortung zu übernehmen und die gestellten Aufgaben pflichtbewusst umzusetzen. Hierzu braucht der Unternehmer Grundvertrauen, oft Geduld, Zeit und natürlich auch ein gutes Händchen.

Zusätzlich ist zu vermerken, dass die Zeit des Fachkräfteüberschusses auf dem Arbeitsmarkt in vielen Bereichen der deutschen Wirtschaft nur noch eine schöne Erinnerung an „alte Zeiten" ist. Das Warten auf den perfekten Mitarbeiter ist vorbei. Ein Verlust von Fachkräften ist teuer und kann den Unternehmenserfolg gefährden. Umso wichtiger ist es, neue Wege zu gehen, das eigene Unternehmen für den Arbeitsmarkt attraktiver zu gestalten. Das heißt neben einer leistungsgerechten Bezahlung zusätzlich attraktive Sozialleistungen zu bieten. Diese können ausschlaggebend bei der Entscheidung für oder gegen das Unternehmen sein. Sie können Mitarbeiter dauerhaft motivieren, sie langfristig an das Unternehmen binden, was sich positiv auf den Unternehmenserfolg auswirken kann. Zu den Sozialleistungen, die Mitarbeiter sehr schätzen, gehören u.a. die betriebliche Altersvorsorge und die betriebliche Krankenversicherung.

Nutzen Sie diese Möglichkeiten, die sich hierbei bieten und schaffen Sie eine WIN–WIN-Situation für Ihr Unternehmen und Ihre Mitarbeiter.

Stellen Sie sich vor: Sie erzielen Gewinn – Wohin mit dem Schotter?

Gewinnzielende Unternehmer investieren einerseits in die Entwicklung des Unter-nehmens, andererseits aber ist es ebenfalls wichtig die entsprechenden Rücklagen zu bilden, um so auf jede Veränderung ihres Marktes vorbereitet zu sein. Wie aber mit den freien Geldern umgehen? Wie den Kapitalmarkt nutzen?

Die Zeit des attraktiven sicheren Zins und Zinseszins auf dem Sparbuch oder den Konten der Banken ist vorbei. Mit den derzeit existierenden Zinssätzen wird nicht einmal die Inflation kompensiert. Was also tun?

Immer wichtiger wird es, ausgehend von der individuellen Situation des Unternehmers, seines Anlagehorizontes und seiner Risikobereitschaft, eine auf ihn zugeschnittene Anlagestrategie zu erarbeiten. Umdenken ist Pflicht, die Mischung macht es!
Mein Tipp: Nutzen Sie einen Vermögensberater Ihres Vertrauens. Er verfügt über die entsprechenden fachlichen Qualifikationen, hat den Gesamtüberblick Ihrer Lebenssituation und wird Sie mit einer individuellen Anlagestrategie begleiten.

Ich entscheide immer! ...auch im Koma?

Als Unternehmer/Freelancer habe ich den Vorteil, alles selbst zu entscheiden. Ich lege fest, gebe den Kurs an und steuere mein Schiff nach bestem Wissen und Gewissen. Das ist einerseits gut. Ich habe alles in der Hand und bestimme meinen Erfolg selbst. In erster Linie entscheide ich, wie die Chancen des Marktes genutzt werden, wie ich auf den Markt und seine ständigen Veränderungen reagiere, wie ich mein Unternehmen wachsen und gedeihen lasse. Man ist berechtigt stolz auf sein Unternehmen und das Geschaffene. Warum soll das nicht so weiter laufen!?

Andererseits, und hier möchte ich sensibilisieren, lohnt es sich über die Aussage von Franz Kafka „Das eigentlich Charakteristische dieser Welt ist ihre Vergänglichkeit" nachzudenken. Der ehemalige deutsche Handballspieler, Wirtschaftsprüfer und Motivationstrainer Jörg Löhr sieht das in seinem publizierten Jahreskalender für 2015 so:
„Sie wissen, dass Ihre Tage gezählt sind – unabhängig davon, ob Sie nun 25 oder 50 oder 75 Jahre alt sind. Was also hindert Sie daran, nach dieser Erkenntnis zu leben? In der Regel ist es Verdrängung. Wir tun so, als hätten wir für all das, was uns eigentlich wichtig ist, alle Zeit der Welt. Aber Sie absolvieren keine Generalprobe – und schon gar nicht können Sie ewig das Stück auswählen, sondern es gibt nur eine Ausführung. Und für die sollten Sie alles geben."

Es ist immer sinnvoll für den Fall der Fälle, z.B. einer längeren Krankheit, einen Unfall oder den Todesfall rechtzeitig vorzusorgen, an Morgen für sein Unternehmen, seine Familie und für sich selbst nachzudenken, Vorkehrungen zu treffen. Sicher brauche ich dafür Zeit sowohl für die eigene Auseinandersetzung mit diesem Thema als auch für dessen praktische Umsetzung.

Mein Tipp dazu: Nehmen Sie sich einen vertrauenswürdigen Vermögensberater Ihrer Wahl, der mit Ihnen gemeinsam das Puzzle zusammensetzt und werden Sie rechtzeitig Ihrer Verantwortung als Unternehmer und für Ihre Familie gerecht. Was Sie persönlich und Ihre Familie betrifft, nutzen Sie „ Mein Vorsorge-Buch"[55] der Autoren/Rechtsanwälte Dr. Heinrich Meyer-Götz, Karin Meyer-Götz, Thorsten Detto und Prof. Dr. Edgar Weiler, bei Ihrem Vermögensberater erhältlich. Sie finden eine umfangreiche aktuelle Zusammenstellung von Formularen, Checklisten und Hinweisen. Mir hat es sehr geholfen, meinen Notfallkoffer zu füllen.

Randbemerkung

Danke, dass Sie mein Kapitel in diesem Buch bis zu Ende gelesen haben. Mir ging es hierbei nicht um Vollständigkeit, theoretische Abarbeitung von Themen und Aufzeigen von Komplettlösungen.
Dafür gibt es genügend Fachliteratur, jede Menge Fernsehberichte und Zeitungsartikel. Wenn ich Sie dazu inspiriert haben sollte, etwas mehr dazu nachzudenken, sich damit auseinanderzusetzten und vielleicht Ihren Notfallkoffer noch etwas zu komplettieren, dann habe ich mein Ziel erreicht.
Wenn Sie mehr wissen wollen, rufen Sie mich einfach an. Im Internet finden Sie meine Kontaktdaten.

---

[55] Mein VorsorgeBuch Heinrich Meyer-Götz u.a., MEGO Internet-Verlag, 11. Auflage 2011

Über den Autor Jürgen Schanze

Geboren und aufgewachsen in Sachsen. Studium für Internationale Beziehungen in Moskau, Abschluss als Diplompolitologe und dann im Ergebnis der Wende völlige berufliche Neuorientierung.

Bis ins neue Jahrtausend hinein Arbeit in der Bauindustrie, Aufbau von Firmen, Firmenvertretungen für deutsche mittelständische Unternehmen in Russland und seit 2007 Agenturleiter der Deutschen Vermögensberatung AG auf selbstständiger Basis.

Kontakt
Jürgen Schanze
dieter-juergen.schanze@dvag.de
www.dvag.de/Dieter-Juergen.Schanze

Seit 2010 Mitglied der Regionalgruppe Berlin von Freelancer International e.V.

1981 hat er sich für Berlin als seine Wahlheimatstadt entschieden. Er ist glücklich verheiratet und Vater von drei inzwischen erwachsenen Töchtern, die erfolgreich ihren Weg gehen.

Wir danken

Friedrich Ohlow

Friedrich Ohlow wurde 1942 in Breslau geboren. Er wohnt seit 1951 in Regensburg und holte 1973 auf dem Zweiten Bildungsweg das Abitur nach. Seit 1971 ist er verheiratet und hat zwei Kinder

Von 1979 bis 2006 war er Lehrer an Gymnasien und anderen Schularten für Deutsch, Geschichte, Sozialkunde.
Arbeitet jetzt nichts mehr, ist aber noch tätig nach dem Motto: Nur wer keinen Fehler mehr übersieht, ist völlig verkalkt.

Wir danken ihm für die Prüfung auf korrekte Rechtschreibung und Zeichensetzung. Wenn er dabei Fehler übersehen hat, dann ist das also nur ein positives Zeichen und außerdem eine neue Bestätigung für den alten Spruch „deutsche Sprache – schwere Sprache."

Dr. Ulrich Schulte am Hülse

Dr. iur. Ulrich Schulte am Hülse ist einer der drei Gründungspartner von ilex Rechtsanwälte und arbeitet vorwiegend im Bankrecht im Zusammenhang mit Rechtsfragen zu Finanzierungs- und Bankverträgen, im Kapitalmarktrecht und im Handels- und Gesellschaftsrecht. Er berät Privatpersonen, sowie Unternehmen vorwiegend aus den Branchen Medienproduktion, der Wohnungs- und Immobilienwirtschaft, der Logistik, dem Kunstmarkt und Fertigungsunternehmen zu branchenspezifischen wirtschaftsrechtlichen Fragen.

Wir danken ihm für seine Unterstützung als juristischer Lotse bei der Vertragsgestaltung.

Theres Weishappel

„Blau und Grün trägt der Bauer in Wien" – das habe ich noch nie verstanden, gesteht Theres Weishappel. Sie ist Meisterschülerin und Grafikdesignerin. Seit mehr als 15 Jahren führt sie gemeinsam mit Inken Greisner die Geschäfte von „Typoly: Konzeption und Gestaltung".

Seit vielen Jahren gibt Theres ihr Wissen weiter, u.a. als Gastprofessorin an der HfK Bremen und mit Lehraufträgen an der Fachhochschule Darmstadt, an der Merzakademie Stuttgart und an der HfBk in Hamburg.

Wir danken Theres für die Gestaltung unseres Buchcovers und die grafische Vorlage und Beratung zur Innengestaltung.

Anne Reissig

Anne Reissig ist studierte Sozialwissenschaftlerin. Sie hat STRUKTUR HILFT gegründet. Wie unterschiedlich Ordnungs- und Zeitmanagementsysteme aussehen können, hat sie bei ihrer Arbeit in der Privatwirtschaft (PayPal), aber auch im öffentlichen Sektor (Deutscher Bundestag) gesehen.

Es ist ihr vor allem wichtig, ihren Kunden auf Augenhöhe zu begegnen.

Wir danken Anne für die kritische Durchsicht und ihre ermutigenden Kommentare.

Schlusswort

von Hans-Joachim Möbes

Dieses Buch ist von Unternehmerinnen und Unternehmern geschrieben, die ihren Beruf mit Leidenschaft ausüben und ebenso leidenschaftlich denjenigen, die schon ein Unternehmen betreiben oder die Gründung eines Unternehmens planen, ihre Leistungen und Erfahrungen zur Verfügung stellen.

Mit Leidenschaft aus drei Gründen:

1. Wir haben starke Sympathie für das Unternehmertum als Lebensform, in der Selbstverwirklichung und Einflussnahme auf gesellschaftliche Prozesse realisiert werden können.

2. Wir haben starke Sympathie für die Personen, die das Wagnis der Selbständigkeit begehen.

3. Wir sind der Auffassung, dass es besser ist, durch erfolgreiches Handeln vorwärts zu kommen als durch Schaden klug zu werden.

Unseren Beitrag zum gelingenden unternehmerischen Handeln können wir nur in der Kommunikation mit Ihnen gemeinsam im Prozess der Gründung oder im laufenden Geschäft des bereits bestehenden Unternehmens erbringen.

Das Buch enthält deshalb keine fertigen Gebrauchsanweisungen für verschiedene Problemlösungen (vergleichbar etwa mit einer Bauanleitung für ein Bücherregal, das man in einem Möbelmarkt kauft).

Die Beiträge umreißen vielmehr mögliche Themen, die anlässlich der Gründung oder im laufenden Geschäft in Beratungen oder beratungsähnlichen Kommunikationssituationen reflektiert werden.

Sie sollten erfahren, welche Unterstützung Sie von berufserfahrenen Partnern unterschiedlicher Bereiche erwarten können und was Sie selbst in den Beratungsprozess oder den Prozess der Erstellung einer Dienstleistung (Website, Flyer, Gesellschaftsvertrag, etc.) einbringen müssen, um davon profitieren zu können.

Wenn wir unsere Sache richtig gemacht haben, dann haben Sie als Leserinnen und Leser jetzt (noch mehr) Interesse, Lust und Mut bekommen, Ihren Horizont und Ihre Erfolgschancen durch die Zusammenarbeit mit Dienstleistern zu verbessern.

Ein genialer Einstieg in das Projekt „Horizonterweiterung" – und ein preiswerter noch dazu – ist übrigens die Mitarbeit im Netzwerk der Freelancer International e.V. Bei den regelmäßigen Treffen der Regionalgruppen haben Sie die Chance mit vielen interessanten Partnern ein „Sparring" durchzuführen.

Und wir? Na ja, wir hoffen, dass aus Sparringspartnern Geschäftspartner werden. Vielleicht treffen wir uns bei Veranstaltungen des Freelancer-Verbandes in Berlin oder anderswo. Nutzen Sie die Möglichkeiten und nehmen Sie zwei Mal gratis an Vorträgen oder Workshops des Verbandes teil.

Im Internet sind wir vertreten unter www.freelancer-international.de. Wir freuen uns über Ihren Besuch.

Abbildungsverzeichnis

www.mein-unternehmen.berlin